高校国有资产管理实务
与案例解析（百例）

王　杰　王晓华　主编

中国财富出版社有限公司

图书在版编目（CIP）数据

高校国有资产管理实务与案例解析：百例 / 王杰，王晓华主编. —北京：中国财富出版社有限公司，2022.11

ISBN 978-7-5047-7804-8

Ⅰ.①高…　Ⅱ.①王…②王…　Ⅲ.①高等学校—国有资产管理—案例—中国　Ⅳ.①G647.5

中国版本图书馆CIP数据核字（2022）第 208661 号

策划编辑 李彩琴	**责任编辑** 张红燕　孟　婷	**版权编辑** 李　洋
责任印制 梁　凡	**责任校对** 张营营	**责任发行** 董　倩

出版发行　中国财富出版社有限公司

社　址　北京市丰台区南四环西路188号5区20楼　　　**邮政编码**　100070

电　话　010-52227588 转 2098（发行部）　　010-52227588 转 321（总编室）

010-52227566（24小时读者服务）　　010-52227588 转 305（质检部）

网　址　http：//www.cfpress.com.cn　　**排　版**　宝蕾元

经　销　新华书店　　**印　刷**　宝蕾元仁浩（天津）印刷有限公司

书　号　ISBN 978-7-5047-7804-8 / G·0791

开　本　787mm×1092mm　1/16　　**版　次**　2023 年 8 月第 1 版

印　张　12.5　　**印　次**　2023 年 8 月第 1 次印刷

字　数　237千字　　**定　价**　68.00 元

编　委　会

编 写 组

主　　编　王　杰　王晓华

副 主 编　史天贵　赵　明　梁　勇

参编人员　（按姓氏笔画排序）

万国良　马　涛　王　杰　王　建　王士国　王艳青

王晓华　史天贵　孙品阳　李文中　李志祺　杨士儒

杨培飞　沈　莹　沈如群　张　卯　张　有　张　琳

张　颖　张晓丹　张家栋　张继旺　张新祥　陈义陆

陈中叶　武晓峰　范朝阳　林　林　易慧霞　金仁东

周长军　周勇义　郑召义　赵　明　赵立文　赵军武

胡　滔　侯　丽　高子萍　黄开胜　梅　珍　康志勇

梁　勇

前　言

国有资产管理作为我国经济体制改革中一项重要内容，一直是理论界和实务工作者研究和探讨的重要问题。高校国有资产是保障高校教育事业健康发展的物质基础和前提，高校国有资产管理始终是高校治理的重要内容，其水平也是检验高校治理水平的重要方面。高校国有资产管理的主要任务是建立和健全各项规章制度，推动国有资产的合理配置和有效利用，保障国有资产的安全和完整。高校国有资产管理活动中应遵循的原则是资产管理与预算管理相结合、资产管理与财务管理相结合，实物管理与价值管理相结合。主要内容应该包括资产配置、资产使用、资产处置、资产评估、产权界定、产权纠纷调处、产权登记、资产清查、资产统计报告和监督检查等。结合高校国有资产管理中遇到的现实问题，编委会在编辑出版《高等学校资产管理与绩效评价》的基础上，组织京津冀部分高校编写了《高校国有资产管理实务与案例解析》。

案例征集与编写工作得到了北京市高等教育学会会长线联平、中国高等教育学会副会长兼秘书长姜恩来、教育部学校规划建设发展中心主任李平、中国地质大学（北京）原副校长王果胜、中国高等教育学会实验室管理工作分会秘书长刘克新等领导和老师的指导，也得到了天津市高等教育学会高校实验室管理专业委员会、河北省高等教育学会实验室工作分会的大力支持，尤其是北京市高等教育学会技术物资研究分会将推动该项工作落地作为研究分会重要且具有较高显示度的学术研究工作，本案例集凝结了各参与编写单位的心血、智慧与宝贵经验。

各单位提交的案例以真实性作为基本原则，就本单位国有资产管理中实际发生的具有典型性、代表性的事项以案例的形式进行整合、编写，把握国家及上级单位业务政策，具有很强的针对性和实用性，可给同行高校提供参考价值和借鉴经验。本案例集在编著过程中也吸纳了教育部经费监管事务中心 2019 年编制的《教育经费监管案例集——直属高校管理案例》部分内容及《财政部政府采购指导性案例》中的个别案例。本案例集每个案例自成一体，基本体例为案例名称、案例描述、案例分析、案例启示。案例内容及选题范围包含国有资产管理中的流动资产、固定资产、无形资产、在建工程、对外投资管理及相关问题。

编写本案例集的初衷是给高校从事国有资产管理相关工作的人员提供较为真实的案例，作为其日常管理工作的参考。希望本案例集能成为对高校国有资产管理工作者有重要使用价值的工具书，起到以案促改、以案示警的作用。鉴于《事业单位财务规则》的变化，敬请读者参照使用。

作　者

2022 年 7 月

目　　录

1 高校国有资产管理概论 ……………………………………………………… 1

　1.1　高校国有资产管理概述 ………………………………………………… 1

　　1.1.1　资产的相关概念 …………………………………………………… 1

　　1.1.2　高校国有资产性质 ………………………………………………… 2

　　1.1.3　高校国有资产的分类 ……………………………………………… 3

　　1.1.4　高校国有资产管理的原则 ………………………………………… 4

　　1.1.5　高校国有资产管理模式 …………………………………………… 6

　　1.1.6　高校国有资产管理体制 …………………………………………… 7

　　1.1.7　高校国有资产管理职责 …………………………………………… 8

　　1.1.8　高校国有资产管理要求 …………………………………………… 9

　　1.1.9　高校国有资产管理的意义 ………………………………………… 9

　1.2　高校国有资产管理现状 ………………………………………………… 11

　　1.2.1　高校国有资产管理取得的成就 …………………………………… 11

　　1.2.2　高校国有资产管理中存在的主要问题 …………………………… 12

2 固定资产管理案例 ………………………………………………………… 17

　2.1　资产形成管理案例 ……………………………………………………… 17

　　2.1.1　采购论证管理案例 ………………………………………………… 17

　　2.1.2　采购执行案例 ……………………………………………………… 20

　　2.1.3　采购合同管理案例 ………………………………………………… 42

　　2.1.4　采购验收管理案例 ………………………………………………… 46

　　2.1.5　采购纠纷管理案例 ………………………………………………… 48

    2.1.6　采购供应商管理案例 ··· 56

    2.1.7　采购投诉案例 ··· 59

  2.2　日常管理案例 ·· 72

    2.2.1　管理系统案例 ··· 72

    2.2.2　登记管理案例 ··· 77

    2.2.3　转固管理案例 ··· 83

    2.2.4　清查管理案例 ··· 85

    2.2.5　处置管理案例 ··· 95

    2.2.6　共享管理案例 ·· 104

    2.2.7　效益管理案例 ·· 110

    2.2.8　出租、出借管理 ··· 112

    2.2.9　综合管理 ·· 121

  2.3　其他管理案例 ·· 126

    2.3.1　认定管理案例 ·· 126

    2.3.2　权属管理案例 ·· 127

    2.3.3　资产关联管理案例 ·· 132

    2.3.4　资产巡查管理案例 ·· 134

    2.3.5　收购纠纷案例 ·· 137

    2.3.6　其他资产管理案例 ·· 139

3　无形资产管理案例 ··· 145

  3.1　无形资产形成管理案例 ·· 145

    3.1.1　无形资产认知管理 ·· 145

    3.1.2　无形资产登记管理 ·· 148

    3.1.3　商标注册管理 ·· 149

    3.1.4　无形资产权属管理 ·· 151

  3.2　无形资产使用管理案例 ·· 152

    3.2.1　无形资产出借管理案例 ·· 152

    3.2.2　无形资产出售管理案例 ·· 153

    3.2.3　无形资产侵权案例 ·· 154

4　流动资产管理案例 ·· 157

4.1　收入管理 ·· 157

4.2　支出管理 ·· 160

4.2.1　核算管理 ·· 160

4.2.2　专项管理 ·· 162

4.2.3　津贴补贴管理 ·· 162

4.3　综合管理 ·· 164

4.3.1　预算管理 ·· 164

4.3.2　往来款管理 ·· 164

4.3.3　现金管理 ·· 165

4.3.4　存货管理 ·· 166

5　在建工程管理案例 ·· 169

5.1　立项管理 ·· 169

5.2　施工许可管理 ·· 169

5.3　过程管理 ·· 170

5.4　决算管理 ·· 171

6　对外投资管理案例 ·· 173

6.1　校办企业综合管理案例 ·· 173

6.1.1　日常管理 ·· 173

6.1.2　投资管理 ·· 178

6.1.3　改制管理 ·· 183

6.2　股权转让案例 ·· 184

参考文献 ·· 186

后　记 ·· 187

1 高校国有资产管理概论

1.1 高校国有资产管理概述

1.1.1 资产的相关概念

1.1.1.1 资产概念

国际会计标准委员会认为，"一项资产所体现的未来经济利益是直接或间接带给企业现金或现金等价物的潜能。这种潜能可以是企业经营能力中的部分生产能力，也可以采取可转换为现金或现金等价物的形式，或减少现金流出的能力，诸如以良好的加工程序降低生产成本"。我国《企业会计准则——基本准则》中对资产的表述为："资产是指企业过去的交易或者事项形成的、由企业拥有或者控制的、预期会给企业带来经济利益的资源。"我国《事业单位财务规则》指出，"资产是指事业单位依法直接支配的各类经济资源"。

1.1.1.2 国有资产概念

广义的国有资产指国家以各种形式投资以及其收益、拨款、接受馈赠、凭借国家权利取得，或者依据法律认定的各种类型的财产或财产权利。狭义的国有资产一般仅指经营性国有资产，即国家作为投资者投入生产流通、服务等领域，以盈利为目的的资产。

1.1.1.3 高校国有资产概念

高校国有资产是指高校依法直接支配的各类经济资源，包括流动资产、固定资产、在建工程、无形资产、对外投资、公共基础设施、政府储备物资、文物文化资产、保障性住房等。高校国有资产不仅包括为完成国家教育事业计划和从事科学研究所占有并使用的资产，还包括已作为经营资产投资的资产。

1.1.2 高校国有资产性质

高校国有资产既是高校开展教学、科研以及社会服务等工作的物质基础，又是衡量高校办学实力的重要指标，其作为国有资产的重要组成部分，具有国有资产的一般属性，而教育的公益属性又决定了其具有一些特殊属性。

1.1.2.1 高校国有资产的一般属性

高校国有资产的一般属性，即高校国有资产所有权属于国家，占有权和使用权归属高校；可以用货币来计量它的价值；作为一种经济资源，能够为高校带来社会效益和经济效益。

1.1.2.2 高校国有资产的特殊属性

（1）高校国有资产的非经营性。高校的三大职能是人才培养、科学研究和社会服务，其职能决定了高校资产配置和利用的目的在于培养出更多更好满足社会需求的合格人才，以及研究出适应社会经济发展的科技成果等。因此，高校在社会服务、教学、科研活动过程中所占用的资产不会为学校带来直接的经济效益，属于非经营性资产。即使高校进行投资活动，其目的也是通过对资产的有效利用取得适当收益，而这种有效利用还应当与高校承担的三大职能相互关联。因此，高校国有资产与企业资产在本质上有所区别：企业资产直接参与商品的生产与经营，购进的资产必须列入所生产商品的成本进行核算；在核算中，企业资产要定期计提折旧，账面反映的都是减去折旧后的资产净值；其管理目标追求的是经济效益的最大化，即如何利用现有资产产出更多的经济效益。高校国有资产从性质上来看属于社会的非物质生产领域，本身并不参与商品生产经营活动，不直接用于创造社会物质财富；由于高校国有资产绝大部分属于非经营性资产，从生产的角度来看，其使用过程是一个非生产性的消费过程，使用目的在于服务，而非盈利。

（2）高校国有资产来源的复杂性。改革开放以来，为加强我国教育事业的发展，提高全民科学文化水平，改变教育靠政府拨款的这种单一投入模式，1995年3月18日第八届全国人民代表大会第三次会议通过了《中华人民共和国教育法》，确立了新的教育经费体制，即各级财政拨款为主，依法征收教育费附加，开展社会筹集捐款，收取学杂费等多种渠道筹措教育经费为辅的体制，形成了我国高校国有资产来源渠道多、形式多样化的复杂局面。

（3）高校国有资产资源配置的公益性。高校国有资产的资源配置目的主要体现在其为师生服务的公益特性上，反映了一种特殊的产权关系和使用关系。高校国有资产资源配置的领域是公共物品，其作用在于保证学校各项工作能够顺利开展，因此，高校国有资产具有明显的公共产品服务属性。国家是高校国有资产的所有者，高校仅是国有资产管理与使用的代理人，国家对高校负有资产使用监督的责任。

（4）高校国有资产使用的不可再生性。高校国有资产的形成主要靠国家财政预算拨付，主要用于教学、科研和社会服务，不能像企业资产那样可循环再生。高校国有资产从购入、使用到报废，往往是单向流动，而且其价值体现始终不变。这也决定了高校国有资产规模和扩张的程度取决于国家财政投入的规模及力度。

1.1.3　高校国有资产的分类

高校国有资产是国有资产的有机组成部分，其来源有国家各级政府的教育拨款、各种贷款以及社会捐赠和赞助、科研基金及创收等多种渠道。为便于了解和掌握高校国有资产的组成情况，科学合理地实现对高校国有资产的管理，需要对整个高校国有资产体系进行分类。目前，有关高校国有资产分类的方法和标准比较多，在此仅对其按使用性质及存在形态进行分类。

1.1.3.1　按使用性质分类

根据高校国有资产的使用性质，可分为高校自用资产和有偿使用资产：高校自用资产是指高校为完成国家任务和开展业务活动所占有、使用的资产。高校自用资产虽然不直接参与生产经营过程并创造物质财富，但能够产生重要的社会效益。高校自用资产一般根据其使用方向分为教学、科研和行政服务等资产。有偿使用资产是指高校在进行有偿服务的资产。高校在保证教学、科研、行政等工作正常运行的情况下，将尚无教学、科研、行政等活动安排的资产按照国家政策规定用于从事生产经营活动，并达到一定的盈利目的。有偿使用资产相对高校自用资产具有显著的增值性特征。高校有偿使用资产一般主要分为三个方面：一是主要用于投资具有经济实体的校办企业的资产或者是资产经营公司的资产；二是主要用于出租服务的后勤资产；三是主要用于维护自身仪器设备运行所需的、向社会开放服务的大型精密仪器设备资产。随着高校校办企业改制工作的推进，校办企业逐步完成了"关、停、并、转"的企业改制，校办企业经营性资产逐步萎缩。

1.1.3.2 按存在形态分类

根据高校国有资产的存在形态，可分为有形资产和无形资产。其中有形资产主要是以实物形式存在的资产，包括固定资产（含房地产、仪器设备、家具等）、流动资产（主要是指现金、银行存款等货币性资产）和在建工程等；无形资产则是指不具有实物形态，但能在一定期间为资产持有者提供收益的某些特殊的资产，主要包括知识产权、商誉等，其中知识产权在高校国有资产组成方面占有十分重要的地位。

1.1.4 高校国有资产管理的原则

1.1.4.1 高校应坚持资产管理与财务管理相结合的原则

高校国有资产是学校履行教学、科研等职能的必要的物资保障。一个学校固定资产的数量多少、规模大小，设备的优劣及管理水平的高低，在一定程度上反映出学校的规模大小和办学质量的高低，决定着学校教学、科研现实水平的高低和潜在能力的大小。高校要增强全员参与和重视资产管理的意识和行动，把资产管理纳入统一的财务管理中，上升到与经费管理一样的地位，将资产管理与日常财务管理工作紧密结合起来，使资产管理部门与财务管理部门接受学校财经领导小组的统一管理，建立"统一领导、归口管理、分级负责、责任到人"的高校国有资产管理体制，完善组织机构和职责体系，实现财务管理和资产管理密切关联。学校财务部门代表学校行使国有资产价值管理和预算管理，共同参与绩效管理，进行资产配置预算的控制和执行监管，加强对资产账账核对和账实核查的指导，像盘点货币资金和核对往来账款一样对资产进行经常性的账账核对和账实清查工作；对资产部门审批的资产配置预算是否超支、是否重复配置，提出的绩效目标是否符合学校整体发展、是否具有可行性等进行审核。学校资产管理部门是代表学校行使资产管理职能的部门，包括资产经营公司等，代表学校整体利益，负责资产的日常监管，包括资产配置预算细化审核、资产采购、资产使用过程的绩效考评、资产定期清查、资产维护保养、资产增减变动手续办理以及资产共享管理等工作。

1.1.4.2 高校应坚持资产管理与预算管理相结合的原则

资产管理与预算管理是互为前提和基础的，既相互促进，又相互制约。一方面，财政预算是资产形成的主渠道，预算管理水平的高低决定着资产配置的合理性。高校资产的日常运转和价值补偿主要依靠预算安排来实现，其增量更直接来源于学校的年度预算。预算安排得不合理，将造成资产配置的不公平，导致资产的闲置浪费，降低资产使用效益。另一方面，资产存量是核定学校各部门预算的重要基础，资产管理水平影响着预算资金分配的科学性和有效性。高校只有在准确掌握单位资产存量、建立科学的资产配置标准体系的基础上，才能结合学校履行职能的需要，科学核定部门资产收益、资产配置等预算。同时，由于高校国有资产具有配置来源的多样性，使用的可重复性以及使用的学术专属性等诸多特点，决定了资产配置预算管理的重要性，因此强化资产管理与预算管理的紧密联系，优化资产配置，从经费投入的源头控制资产配置不科学、不精细现象发生，是解决高校资源短缺和资源闲置并存的重要措施之一。

1.1.4.3 高校应坚持资产管理与绩效管理相结合的原则

高校国有资产按使用性质可分为自用资产和有偿使用资产，前者主要是为高校教学、科研以及相应的行政、后勤等各项工作提供正常运行保障的资产，后者主要是用于对外投资和出租出借的资产等。由于高校教学、科研等产出效益的考核难以量化，在短期内也缺乏统一的社会效益与经济效益的价值表现，导致实现这些产出资产的投入量不具可比性（如不同学科需要的资产配置量、资产配置标准以及具体使用次数和效果等均不具可比性等），进而导致各高校、各资产使用部门缺乏强化国有资产管理的动力和手段依据，财务部门和资产管理部门缺乏审核各资产使用部门的资产配置需求是否科学合理的依据和标准，造成现实中越是优势学科，其相关资产越容易产生闲置浪费现象，资产管理和绩效管理相脱节。为此，应对现行资产会计核算制度进行深入研究，探索建立以资产折旧为表现的价值补偿和绩效考核制度，细化资产使用途径，细化资产管理部门，推行固定资产折旧制度。通过固定资产折旧的计算，一方面可定期考核校内不同部门、不同学科以及教学、科研等方面的资产消耗额，真实准确反映高校资产的实际价值，反映高校未来的经费投入情况，实现资产配置和使用效益的最大化；另一方面可以促进各单位重视本单位资产的使用，重视资产占用情况，促进资产使用部门不仅要关注资产的使用价值，更要关注资产的使用绩效。

1.1.4.4 高校应坚持实物管理与价值管理相结合的原则

要保持资产的实物形态与价值形态一致，需要从不同角度对资产进行全面管理。价值管理侧重于以货币形式记录单位占有、使用资源的规模、消耗和结构，与经费的收支紧密相连；实物管理则是从资产具体形态的购置、使用、处置等环节入手，对资产实施全方位的管理、维护。在购置环节，实物资产既要能满足学校教学和科研等各项事业发展需要，又要经济适用，资产价值要按制度规定及时准确入账，真实反映；在使用环节，不仅要考虑实物形态的资产运行和维护，也要考虑其价值链条的增减变动，如果实施资产的对外投资、出租、出借等行为，同样也涉及国有资产权益、收益的财务管理；在处置环节，实物资产的调拨、捐赠、报废及盘亏都要证明齐全、手续齐备，资产价值要按照财务制度规定及时进行账务调整或账务处理，做到账实相符。当前，高校普遍存在着账账差异、账实不符等问题，造成以上问题的主要原因在于高校不重视资产的价值管理和实物管理的融合，相关部门缺乏配合，各管一块、各管一段。为此，财政部门、教育主管部门以及高校财务部门、资产管理部门要将资产清查和盘点制度落到实处，定期进行全面的资产清查，在对干部进行在任和离任经济责任审计时也要重视资产的管理与使用等，确保实物资产的存在状态和使用状况清晰。因此，财政部门和教育主管部门首先要立足资产清查成果，结合每年的财务决算上报、部门预决算审计以及资产报废处置审批等，加强资产的外部监督；其次要加强对高校会计基础工作的检查和考核，将资产管理纳入会计基础工作考核范围，增强财务管理在资产管理中的作用，建立财务部门定期进行资产盘点的制度。

1.1.4.5 高校应坚持资产所有权与使用权相分离的原则

所有权是财产主体对财产客体的排他的最高支配权，是财产权的核心。占有权是对财产的实际控制权。使用权以占有权为前提，不占有就不能使用。当所有权与财产权分离后，所有人的所有权与使用权发生分离。所有权与使用权分离的情况下，收益权可以按法律规定由所有人和使用人共同享有，也可以由使用人按照相关规定上缴给所有人。对于高校来讲，所有权和使用权相分离是政事分开的要求。高校国有资产的所有权由教育主管部门代表国家来行使，占有使用权由高校行使，二者必然要求分离。

1.1.5 高校国有资产管理模式

1.1.5.1 总账控制模式

总账控制模式即高校财务部门设置固定资产总账，不记数量只记金额；资产管理部门设置固定资产明细账，不仅记录数量还要记录金额。财务部门通过总账与明细账的核对来实现固定资产的核算与管理。当前，规模较大的高校多应用这种模式。

1.1.5.2　明细账控制模式

规模较小的高校应用这种模式较多。明细账控制模式即高校财务部门设置只记金额的固定资产总账和既记金额又记数量的明细账；资产管理部门设置备查账，并依据使用部门的不同对固定资产卡片进行归口管理。财务部门通过总账控制明细账，进而通过明细账来实现对资产管理部门的实物管理。

1.1.5.3　"统一领导，分级管理"管理模式

统一领导即高校设专门机构对全校范围内国有资产管理工作实施统一领导与负责。统一在核算上表现为"一本账"，在组织上表现为"一套管理机构"。分级管理即高校国有资产管理机构按照层级划分为若干层级。

1.1.6　高校国有资产管理体制

根据《教育部直属高等学校国有资产管理暂行办法》的"高校国有资产实行'国家统一所有，财政部综合管理，教育部监督管理，高校具体管理'的管理体制"，可明确高校国有资产的所有权归属国家，并对高校国有资产的综合管理权、监督管理权及使用管理权进行了细化。具体来说，政府财政部门是高校国有资产使用的综合管理部门，负责高校国有资产出租、出借、对外投资、担保等事项的审批及日常监督管理。

政府教育部门按照规定权限负责组织高校开展国有资产清查、登记、统计汇总及日常监督检查工作；健全高校国有资产管理信息系统，对高校国有资产实施动态管理；按规定权限审核、审批或报备高校有关资产配置、处置以及利用国有资产对外投资、出租、出借等事项；负责高校长期闲置、低效运转和超标准配置资产的调剂工作，优化高校国有资产配置，推动高校国有资产共享；按规定权限审核、审批或报备高校出资企业改制上市、产权转让、资产重组等国有资产管理事项；组织编报高校出资企业国有资本经营预算建议草案，并督促高校按规定缴纳国有资本收益；组织实施高校国有资产管理的绩效考核，推进资产共享和公共平台建设工作。

高校负责本单位资产的使用管理，办理本单位资产出租、出借、对外投资、担保等事项的报批手续，并对相关资产实行专项管理。高校国有资产管理实行"统一领导，归口管理，分级负责，责任到人"的管理体制。

"统一领导"，即高校成立代行所有者权利的专职机构，如国有资产管理委员会或类似的机构，由相关校领导直接领导，代表高校国有资产管理的最高决策层，对高校国有资产的管理实行统一领导，其日常办事机构应设在国有资产管理部门或作为高校国有资产管理的一级机构，拟订高校各类国有资产管理实施办法和规章制度，承担国有资产管理的日常工作，确保国有资产的保值增值，并向国有资产管理委员会或类似机构负责，定期汇报工作。

"归口管理"，即高校根据国有资产属性及业务范围的不同，将各类国有资产分别归入相应职能部门进行管理，这是第二层级的管理。一般来讲，大多数高校固定资产由国有资产管理处负责管理，在建工程由基建处负责管理，无形资产由学校办公室和科技处负责管理，流动资产和对外投资由财务处负责管理。

"分级负责"，即形成由学校管理层面、归口职能管理层面、资产使用单位管理层面及资产具体使用人管理层面组成的管理体系，甚至在资产使用单位内部还要进行分级，如院级、系级、办公室等，直至到人。各层级间所有权关系清晰，职责明确，能够有效克服实际管理中信息不对称的问题，提高监管效率，最终实现国有资产的一体统筹规划和持续发展管理。

"责任到人"，即将每件国有资产的管理落实到具体使用人，根据职权范围分清责任，部门负责人承担领导责任，资产管理员承担管理责任，具体使用人承担使用责任。

1.1.7 高校国有资产管理职责

高校国有资产管理主要职责包括以下内容。

（1）贯彻执行国家有关国有资产管理法律法规和政策。

（2）根据事业单位国有资产管理的有关规定，制定本单位国有资产管理的具体办法并组织实施。

（3）完善本单位国有资产购置、验收、登记入库、使用维护及绩效考核等日常管理工作，做好本单位资产的账务管理、清查登记、统计报告及日常监督检查工作；负责本单位国有资产信息管理及信息化建设等工作，对国有资产实施动态管理。

（4）按照规定权限，办理本单位国有资产配置、处置和对外投资、出租、出借等事项的审核、审批或报备手续。

（5）负责本单位用于对外投资、出租、出借等国有资产的保值增值，承担出资企业国有资产保值增值责任。

（6）负责办理本单位国有资产产权占有、变更及注销登记等相关工作，负责国有资产清查、清产核资、资产评估及资产划转工作，负责出资企业国有资产管理工作，做好出资企业国有资本经营预算和国有资本收益的缴纳工作。

（7）负责存量资产的有效利用，推动大型仪器、设备等资产的共享、共用和公共研究平台建设工作，建立国有资产共享、共用机制。

（8）负责国有资产管理体系建设，建立思想素质和业务素质较高的资产管理队伍。

（9）接受主管部门的监督、指导并定期向其报告有关国有资产的管理工作。

1.1.8　高校国有资产管理要求

（1）高校国有资产使用应遵循权属清晰、安全完整、风险控制、注重绩效的原则。

（2）高校应当对实物资产进行定期清查，做到账账、账卡、账实相符，建立健全国有资产购置、验收、保管、使用等内部管理制度。

（3）高校应当及时将国有资产占有、使用情况及增减变动信息录入国有资产管理动态信息系统，对本单位国有资产实行动态管理，并按要求定期向主管部门和市财政局报送国有资产统计报告。

（4）高校应积极探索国有资产绩效管理的方式方法，真实反映和解析国有资产运营效果，提高国有资产使用效率和效益。

（5）高校应加强对专利权、商标权、著作权、土地使用权、非专利技术、商誉等无形资产的管理，依法保护，合理运用，并结合国家知识产权战略的实施，促进科技成果转化。

（6）高校用于出租、出借、对外投资、担保的国有资产，应当进行必要的可行性论证，并提出申请，经主管部门审核同意后，报同级财政部门审批。其所有权性质不变，仍归国家所有；所形成的收入，按照政府财政部门的规定办理。

（7）高校应当对本单位用于对外投资、出租和出借的国有资产实行专项管理，并在单位财务会计报告中对相关信息进行充分披露。

1.1.9　高校国有资产管理的意义

高校国有资产是我国行政事业单位国有资产的重要组成部分，是发展高等教育的物质基础，直接影响着教育质量、科研发展速度、办学规模以及办学的经济效益和社会效益。因此，加强高校国有资产管理对于促进高等教育事业的健康稳步发展具有十分重要的意义。

1.1.9.1 健全国有资产管理体制、完善社会主义基本经济制度的必然举措

随着高校办学规模的不断扩大，高校国有资产的数量也在急剧增加，大部分高校国有资产已经过亿元，很多高校国有资产甚至达到数十亿元、数百亿元。因此，加强高校国有资产管理与监督十分必要。

1.1.9.2 完善公共财政体制，切实转变教育主管部门职能的客观需要

按照公共财政的要求，市场在资源配置中发挥基础性作用，政府应主要负责提供公共产品和公共服务，这也是政府职能由传统管理型向服务型转变的核心要求。由于在资产管理方面还缺乏有效的措施和手段，很大程度上制约了公共财政功能的发挥，也限制了政府公共服务水平的进一步提高。国家高等教育事业经费预算是国家公共财政的重要组成部分，因此各级教育主管部门必须拓展部门理财领域，通过加强高校国有资产管理，合理配置和有效利用国有资产，充分发挥其在履行高等教育管理职能方面的物质基础作用，以实现公共财政的目标要求，推进政府职能转变。

1.1.9.3 理顺高校收入分配关系，构建和谐校园的基础环节

健全的收入分配制度和规范的收入分配秩序，是社会稳定、和谐的前提和保障。从完善事业资产管理体制入手，强化对高校国有资产的监管，可以切实推进高校津贴补贴规范工作和工资制度发展，从源头上遏制津贴补贴发放混乱的现象，为构建和谐校园乃至和谐社会提供制度保证。

1.1.9.4 降低事业运行成本，建设节约型校园的必然要求

建设节约型社会，首先应从降低政府和事业单位运行成本做起。根据高校完成教育和科研任务的需要，结合存量资产使用状况，强化节约意识，尤其要落实近几年"过紧日子"的改制要求，合理安排预算，实现以存量制约增量、以增量激活存量，从而有效降低高等教育事业运行成本，节约学校资源，加快推进节约型校园建设。

1.2   高校国有资产管理现状

1.2.1   高校国有资产管理取得的成就

1.2.1.1   高校国有资产规模数量迅速增长

改革开放 40 余年来，我国高校国有资产无论是从数量规模上还是从质量水平上都发生了巨大的变化。以国家财政拨款为主要来源的资金投入增长迅速，各高校用于购置资产的资金从 20 世纪 90 年代每年的几十万元、上百万元快速增长到现今每年的上千万元甚至几亿元，高校的资产总量也都攀升到了十亿元甚至百亿元。"十三五"期间，北京高校的教学仪器设备总值增长了 180 亿元；据统计，截至 2021 年 8 月，高校仪器设备资产总量达 6500 亿元，其中，本科高校 5400 亿元，教育部部属高校仪器设备总值达 1700 多亿元。

1.2.1.2   高校国有资产配置水平日趋提高

国家财政对高校投入的资金指向明确、具体，主要是以专项形式投入，如通过"985"和"211"工程、"双一流"引导专项、国家重点实验室建设、中央与地方共建等多种途径，高校购置装备了大批高、精、尖仪器设备，通过基建专项、中央高校改善基本办学条件专项等资金修建并完善了各类基础设施等，在实验室建设、仪器设备配置、多媒体以及机房、语音室等的条件建设方面实现了根本性改善，教学科研水平的发展与提升日新月异，为社会培养和输送了大批优秀的复合型、应用型人才。

1.2.1.3   高校国有资产管理制度日臻完善

高校国有资产数量的大幅增加，以及使用对象的多元化，使资产管理难度越来越大。财政部于 2006 年出台了《事业单位国有资产管理暂行办法》，并于 2019 年进行了修改；教育部在 2012 年出台了《教育部直属高等学校国有资产管理暂行办法》等，在这些文件指导下，各高校也纷纷制订相应管理办法，修订完善资产管理方面的规定和制度，如《仪器设备管理办法》《资产处置管理办法》《无形资产管理办法》《进口免税仪器设备购置和使用管理办法》《资产验收管理办法》《资产交接管理办法》《家具管理办法》《物资设备招标采购管理办法》《仪器设备维修管理办法》《资产清查管理办法》

等，实验室还规定了仪器设备使用要求，配备仪器设备使用记录本，实施大型仪器共享办法等，这些制度、办法等逐步规范了国有资产管理的方方面面。

1.2.1.4 高校国有资产使用效益逐步显现

随着高校国有资产的规模、水平的大幅扩大和提升，高校国有资产管理水平也在逐步提高，特别是近十年来，高校就各类资源的整合以及开放共享等方面进行了卓有成效的探索和实践，并取得了非常显著的成就：如清华大学充分利用高、精、尖仪器设备进行校内外共享，既加强了高新技术的交流与探讨，又保证了相关仪器设备的维护保养，既锻炼了技术队伍，又提升了业务能力；哈尔滨工业大学等高校全面探索整合实验室资源，将具有交叉的复合型学科打通排课，并开设一些具有丰富知识结构作用的实践课程，供学生进行选修，将实验室的使用效益发挥到极致；华南理工大学充分利用科研平台，为国家重点布局的下一代平板显示产业——广东 OLED 产业发展提供了核心关键技术支持，在全球首创了用全印刷法制备 OLED 全色发光显示屏的新技术新工艺，等等。

1.2.2 高校国有资产管理中存在的主要问题

1.2.2.1 管理理念较落后

高校的教育经费主要来源于国家财政拨款，大部分资产不直接产生经济效益，也不需进行成本核算，导致由其形成的资产及管理被边缘化，存在严重的"重投入轻管理""重资金轻资产""重增量轻存量""重使用轻效益"倾向。具体表现为以下三个方面。

（1）思想重视不够，资产意识淡薄。长期以来，由于对国有资产有关知识学习和宣传的深度、广度不够，使高校国有资产管理氛围不够浓厚，管理意识缺乏，资源使用效益观念淡薄，高校在思想上未将国有资产的管理摆在相应位置，造成资产管理在高校整体管理中缺乏主观能动性，只注重向上级主管部门争取对国有资产的投入，而对高校内部国有资产管理重视不够，缺乏对内部国有资产的整合、调剂、优化。高校的国有资产管理理念、管理方法远远落后于当今形势对资产管理的要求，即使是高校国有资产管理者，也有相当一部分人没有将国有资产的有效管理纳入工作视野中，对重复购置、资产闲置等现象视而不见，使许多国有资产未能充分发挥其应有效能，造成严重的资源浪费。造成以上现象的主要原因：一是固定资产购置资金主要来源于国家拨款（含各类专项及各类课题资金等），不需要进行成本核算，从而缺乏有效的内部控制；二是资产管理手段落后，管理运行成本较高，人人都是资产的使用者，但使用情况不一，作为资产管理员没有便捷的信息化管理系统保障，仅凭手工操作很难准确把控资产使用情况；三是资产清查工作耗时费力，历史遗留问题积重难返，清点难度大，即使费尽心血也未必会有收效，造成"不清也罢，何必白费力气"的心理，给资产管理工作带来了人为的困难。

（2）资产预算管理随意，执行存在偏差。预算管理粗放，缺乏计划性和系统性，通常由项目负责人自行申报、论证，或者为领导旨意，个人色彩浓厚，未经本单位审核，直接提交归口单位，归口单位也未对预算进行有效审核论证，只是起到简单的收集汇总作用，导致很多申报的预算缺乏场地或师资条件，出现以设备向学校要场地、要师资的"怪现象"。同时，由于部分项目负责人个人主观色彩浓厚，随心所欲调整预算，严重影响采购执行的规范性，一旦项目负责人调离，项目往往无法执行。为加强资产配置的计划性，财政部在2021年启动了预算管理一体化建设工作，整合预算编制、预算执行、决算和报告、政府采购、资产管理等预算管理环节，以期实现预算全过程管理的一体化。

（3）固定资产账实不符，监管难度较大。目前，固定资产清查中最主要的问题就是账实不符。究其原因：一是管理机制不健全，责任主体不到位，现有资产管理制度可操作性不强，周知性较差，在实际工作中未得到有效实施；二是资产购置渠道多元化，信息不对称，资产管理员对本单位非主流渠道如横向课题购置的资产不甚清楚；三是资产的实质性验收环节不到位，接收资产与建账登记相脱节，造成账目张冠李戴，形同虚设；四是随着高校教学、科研任务的调整，学科布局发生变化，以及楼宇的新建、装修、改造等基础设施更新，导致搬迁、调整过程中随意丢弃废旧资产，没有按要求履行相应的报废手续；五是资产转借频繁，中途遗失，无从追还，或未履行借用手续，不知所终；六是由于资产个体的特殊性，如乐器类、移动硬盘、录音笔、数码相机、笔记本电脑等，需要使用人自行保管使用，久而久之成为个人物品，离校时也未被收回；七是资产管理尚未实现全面信息化，二级单位资产账未能真正建立起来；八是受财政支付进度影响，存在钱已付而货未到的情况。

1.2.2.2 管理机制不健全

高校国有资产管理机制尚不健全，政府教育管理部门对资产管理职能的机构自上而下尚无统一建制，名称亦不一致，管理涉及的职能范围也有所不同。目前，政府部门明确国有资产管理的部门是国务院国有资产监督管理委员会，但其职能主要是针对经营性国有资产的管理。高校尚无明确的国有资产管理机构，高校国有资产的管理或因其使用资金的属性隶属于财务部门，或因其与教学设备相关的管理职责归属于教务部门，却始终未有指向明确的政府机构负责对高校资产管理部门进行政策与业务上的指导。从高校内部来看，高校内部设立的资产管理部门名称亦五花八门，有资产管理处、资产处、国有资产管理处、实验室设备处、实验室与资产管理处、国有资产与实验室管理处，等等，管理职责范围涵盖也很广泛，既有固定资产管理、无形资产管理、资产采购管理，也有校产企业管理、实验室建设管理，有的还包含了后勤职能的管理等，同时由于高校内部资产归口管理的二级单位较多，彼此之间没有隶属关系，各行其是，管理目标、措施、节奏等尚不统一，导致实际工作中衔接不顺，口径不一，有时由于条块分割过于清晰，也会导致部分管理内容脱节，出现管理真空，如对无形资产的管理。从而使整个资产管理体系不完善，机制运行不顺畅。

1.2.2.3　管理制度欠完善

高校国有资产管理制度虽然在逐步完善，但仍未形成制度体系，有待进一步健全。很多制度的出台都是基于解决管理中存在的问题，各项制度之间往往缺乏协调性、衔接性，一些制度内容陈旧落后，不适应新形势发展的需要；一些制度原则性条款较强，缺乏可操作性的实施细则；甚至还有很多需要根据国家有关规章制度并结合当前国有资产管理形势和高校具体情况应建立的制度，如资产配置标准、投入产出考核规定、使用效益考核细则、采购监督制度，尤其是高校非经营性资产转变使用用途方面的管理制度，由于受到高校国有资产不产生经济效益的传统观念影响，很多高校并没有进行统一和规范。由于存在上述诸多缺陷，使得制度的执行也不尽如人意，不仅缺乏执行力度，也不能真正落实到位，这样也就不可能形成有效的约束机制，更谈不上对资产管理执行情况的检查和监督了。资产管理制度缺失主要表现在如下几个方面。

（1）资产配置标准欠科学合理。资产配置标准是指对资产配置的数量、价格和技术性能等的设定，是编制购置计划、审核购置预算、实施资产采购和对资产配置进行监督检查的依据。目前，国内事业单位资产的配置标准不统一，造成各类房产资源及设备资源配置不公平，建筑领域一般参照的是1992年出台、2018年修订的《普通高等学校建筑面积指标》标准，主要是以学生规模确定各类用房建设标准；国务院机关事务管理局于 2009 年出台了《中央国家机关办公设备和办公家具配置标准（试行）》等文件，对办公设备和办公家具的配置规格及标准进行了划分，标准普遍偏低，对高校的教学及科研实际情况的针对性不强；专用教学科研设备尚无配置标准，既存在教学科研单位申报通用设备渠道受限的情况，又存在专用设备闲置或使用效益低下等现象。

（2）无形资产被忽视。无形资产是高校国有资产中重要的组成部分，但目前尚无权威标准能够对高校无形资产，如校名、校誉、土地使用权等进行准确、全面评估。一般高校会比较注重有形资产的管理，对于无形资产，既没有建立起系统的无形资产管理规章制度，也没有明确具体归口的管理单位，忽视了对无形资产如科研技术、成果、专利等的开发、利用，很多科技成果、专利都未经过评估界定，造成无形资产的流失与浪费，也使得高校的合法权益受到侵害。

（3）资产使用欠规范。资产使用分为高校自用及进行对外投资、出租、出借、担保等有偿使用两种方式。前者的主要问题是存在很多建筑已投入使用却未办结竣工手续，给管理带来不便。后者也就是以往经常提到的非经营性资产转经营性资产的活动，在使用过程中，一是没有建立相关资产转让、权益管理等方面的制度，对转为经营的资产大多没有进行科学论证，缺乏法定登记、评估手续，使资产归属不具合法性；二是对高校来讲，校办企业的资产虽属于学校，但对经营者来讲却不能苟同，很多高校对校办企业投入很少或者没有进行投资，校办企业有可能是"白手起家"，对校办企业现有净资产的划分没有明确的说法；三是在校办企业资产的运行中，高校与经营者都未明确各自的职责，没有建立对资产增值保值的考核指标体系，每年企业上缴高校利润亦无依据，高校以什么名目收取利润也不具合法性，资产管理监督职能弱化。

1.2.2.4　资产管理手段单一落后

目前，大部分高校是通过专门的资产管理软件对国有资产进行分类管理，还有部分高校仍使用单机版管理软件，缺乏从资产形成、使用到处置的动态管理机制，接收资产与建账登记相脱节，二级单位资产账目未能真正建立起来，资产管理员没有便捷的信息化管理系统保障，很难随时把控资产使用情况，特别是缺乏对个性化资产的有效监管，人人都是资产的使用者，但使用情况不一，管理运行成本较高。即便一些高校使用的是动态的资产管理软件，但内容仅限于对在用在账资产的使用管理，未能与资产的预算紧密结合，不能有效保障资产从配置、预算制订、论证、评审至执行、验收等环节均纳入科学管理体系之中，导致在实际工作中人为主导的因素比较明显。

1.2.2.5 资产管理队伍参差不齐

一是除了资产管理部门以外，其他部门的资产管理员均为兼职，在工作安排上容易将资产管理这种需要时间和责任的工作放在最后，逐渐形成资产管理边缘化；二是学校每3~4年进行一次全员聘任，导致轮岗的资产管理员不仅身兼数职，而且业务不熟练，交接不清楚，管理不规范，资产意识薄弱；三是资产管理队伍建设力度不够，未形成定期、良好、有序的培训交流机制及相应的考核、奖惩机制，不利于全员资产责任与意识的培养。

2　固定资产管理案例

2.1　资产形成管理案例

2.1.1　采购论证管理案例

案例 1

设备采购论证不充分，中标设备不能完全满足用户研究需求

📊 案例描述

　　某高校采购一台骨密度测量仪，标底价为 X 万元，B 公司以低于 X 万元的 Y 万元投标，指标值全部响应指标要求，综合评标得分排序第一，中标。

　　开标时共有 A、B、C 三家公司参与投标，该校希望中标产品既能满足日常检测分析需要，又能满足科学研究的需要。经过专家组评审，A 公司所投产品虽然满足技术及指标的要求，但性能一般；B 公司所投产品能够满足该校日常检测分析的要求，并且具有操作简便、分析灵敏度高、维护费用低等优点，缺点是不能满足深入的科学研究；C 公司所投产品能够满足该校日常检测分析的要求，但由于所投产品的分辨率偏低，不能够满足深入的科学研究，并且维护费用高。最终经专家组综合评审与分析，认为三家公司所投产品均不能满足该校科研需求的主要原因是该校技术参数要求偏低，预算金额不足，专家组只能依据招标文件技术要求对三家投标公司所投产品进行综合评审，最终认为 B 公司产品虽然不能满足该校科学研究需求，但在满足招标文件的基础上非常好地满足了该校日常检测分析的要求，并且具有操作简便、分析灵敏度高、维护费用低等优点，性价比最高，因此推荐 B 公司为预中标商。

　　该案例整个采购流程合规，但所采购的仪器不能满足该校科学研究需求。

案例分析

该案例折射出的主要问题是高校前期采购论证不充分，反映在以下几个方面。

（1）高校对仪器设备的用途及技术指标调研不充分，尤其对其科学研究所需设备的技术指标要求的了解和把握不够，导致提供的招标技术参数要求偏低，实际上招标技术参数本身就不能满足其科学研究的需求。

（2）高校对设备的市场价格没有充分调研，导致申请的设备预算金额不尽合理，即购买满足日常检测分析需求类设备，该预算偏高；购买既满足日常检测分析又满足科学研究需求类设备，预算又不足（事后经详细市场调研发现，高校申请的预算远低于市场上能够满足科学研究需求的骨密度测量仪的价格）。

案例启示

（1）采购论证应在高校申请预算前完成，而不是在采购前仓促完成，设备技术参数的高低直接决定预算多少。

（2）大型仪器设备的论证环节是采购过程中极其重要的环节。采购论证要非常充分，应该包括对高校科学研究用途的需求分析、所需仪器设备技术性能及参数的调研分析、所需仪器设备市场占有率、使用效果、市场价格、售后服务等主要因素的调研。

案例2

通过可行性论证驳回设备采购诉求，优化学校资源配置

案例描述

根据教育部和海关进口免税的要求，某高校规定购置单台（套）超过40万元（含）的大型设备前需由学校相关部门组织进行购置可行性论证。该校某学院的A教授提出申请购置400M核磁共振谱仪，购置预算约为210万元，经费来源为校学科建设经费中的设备费。A教授提交论证申请后，学校相关部门组织相关人员审查材料，并经过与学校校级公共平台——核磁中心的负责老师沟通后认为该教授的设备购置理由不充分，原因有三：①校内已建有校级公共平台——核磁中心，配置有若干台不同档次的核磁共振谱仪，从资源统筹的角度考虑，不应再为A教授单独购置核磁共振谱仪；②A教授所申报的核磁共振谱仪属于常规型号，对设备功能并无特殊要求，目前核磁中心已

有多台同类设备，无须改造即可直接使用；③核磁中心的设备使用机时尚未完全饱和，根据 A 教授的科研工作任务，基本可以保障其测试需求。

基于上述三点理由，学校相关部门驳回了 A 教授的论证申请，并向 A 教授详细解释了驳回原因。A 教授表示理解和接受，并表示通过核磁中心的核磁共振谱仪，自己的科研工作可即刻启动，无须等待办理设备购置相关手续和运输安装的时间（约 3 个月），有利于抢占科研先机。目前，A 教授已向经费主管部门提交了设备购置计划变更申请，拟将此笔经费用于购置其他专用设备。

案例分析

从学校的自身建设需求出发，可行性论证是优化资源配置、避免重复购置的重要环节。论证的目的主要有三点：一是论证购置该设备的必要性，包括该设备在科研中的关键作用、能否通过资源共享而非购置解决科研需求等；二是在满足必要性的基础上，论证申请人拟购设备的选型和配置能否满足其科研需求；三是对设备采购方式进行初步判断和建议。该高校在进行设备论证之前，在充分调研校内存量的基础上，通过与设备申请人沟通，建议申请人通过使用学校现有公共资源的方式而非自行购置的方式开展科研工作，避免了设备的重复配置，提升了资源配置的合理性，并为申请人节约了宝贵的科研时间，提高了学校资金的使用效益，避免了论证流于形式，充分发挥了论证源头管理的重要作用。

案例启示

大型科学仪器的购置涉及较大数额的资金安排，既是学校资金投入的重点领域之一，又是学校科研基础条件建设的必要环节。因此，如何能围绕这一环节设计相应的统筹管理机制，将对整个资源配置工作以及资源体系的后续运行起到决定性作用。实践表明，开展购置可行性论证是严格把握资源配置源头、杜绝或减少重复购置、优化大型科学仪器资源结构的有效手段。该环节可以将自下而上的需求、申请过程与自上而下的评议、审批环节有机地结合起来，通过综合考量申请人实际需求、拟购同类资源的现状、资源可及性和共享可能性等因素，对大型科学仪器的采购需求进行科学决策。从效果上看，该机制的建立不仅有效解决了目前国内各科研单位资源配置工作中统筹不足、资源浪费、低水平重复投入等诸多问题，更是从一开始就为大型科学仪器管理工作刻上了清晰的统筹规划烙印，从而避免了盲目建设与投入，为切实保障资源使用效益打下了坚实的基础。

2.1.2　采购执行案例

案例 3

优化招标技术参数，更好满足高校需求

案例描述

　　某高校采购一台全景组织切片高分辨荧光扫描成像系统，标底价为 X 万元人民币。经市场调研，共有 A、B、C、D、E 五家公司生产此类产品，该校根据其中某一家公司的产品情况编制了技术参数，招标组织部门根据该校提供的技术文件编写招标文件并发布招标公告。但是，在开标前该校提出申请，需要修改技术文件，原因是之前上报的技术参数偏低，主要指标设置不合理，预计评标难度较大、评标结果不会很满意。为了能通过招标给该校采购到满意的设备，招标组织部门根据相关规定，重新修改招标文件并发布招标更正公告，延期开标。最终经专家组综合评审，A 公司产品的性能最高，价格合理，A 公司以低于标底价 Y 万元中标。

　　该招标项目的结果虽然比较满意，但招标过程曲折，很有借鉴意义。

案例分析

　　（1）高校的问题。高校准备技术文件不周密。事实上，高校调研的厂家较多，可参考的产品技术参数非常丰富，很容易制定出符合自己教学及科研需要的产品技术参数，但高校没有根据市场情况并结合自己需求认真、周密地准备技术参数，而是偏信一家产品技术，导致首次提交的技术文件有明显的倾向性，发出公告后与其他厂家产品对比时才发现公告中的技术参数制定得偏低，主要指标设置不尽合理，预计据此指标招来的设备与实际需求会有明显差距，所以提出了更改技术文件的要求。

　　（2）招标组织单位的问题。招标组织单位在技术文件准备方面过度依赖高校，并且对主要指标如何设置、评分分值如何分配等关键性问题没有与高校进行深入交流，也没有给出专业、合理的提醒与建议，若高校没有再次提出更改需求的话，很可能会因主要指标设置不合理而导致招标失败。

（1）高校在制定技术参数时应客观、务实，不能偏听偏信，避免因厂家的过度宣传扰乱自己的判断。另外，高校要充分了解各潜在供应商产品的优势与特点，结合自身需求制定合理的技术需求文件，设置恰当的主要指标等。

（2）招标组织部门要对招标技术参数把好关，给高校合理的建议，协助高校完成参数的设定，评分标准的编制要合理，评分项目要细化，要对整个招标过程进行把控，保证招标采购任务的圆满完成。

案例 4

科研用设备招标技术参数设定要有区分度，分包安排应合理

📊 案例描述

某高校的某项科研项目需购置小型、中型转台各一套，预算分别为 40 万元和 80 万元，采用公开招标方式进行采购。小型转台为 01 包，中型转台为 02 包，A、B、C 三家公司均参与了 01 包、02 包的投标，其中 B 公司前期与该校沟通良好。

三家公司 01 包的投标报价分别为 A 公司 35 万元（最低价）、B 公司 38.6 万元、C 公司 39.7 万元；02 包的投标报价分别为 A 公司 78.7 万元、B 公司 77.8 万元（最低价）、C 公司 79.2 万元。由于 A、B 两家公司综合实力相当、在业界口碑良好，所提供产品均满足招标文件要求，经评标委员会综合打分，01 包由 A 公司中标；02 包由 B 公司中标。

合同签订阶段，该校对于两家公司中标表示不能接受。该校表示，在同一科研项目中，两家公司分别承担两套转台的研制，由于研制的核心技术不同，该校在实际操作和数据处理等方面将存在着巨大差异，不利于科研项目的高效、顺利进行，甚至可能影响项目的开展。

最后，经过多方努力协调，加上 A 公司 01 包报价过低，利润无几，A 公司选择放弃 01 包中标，由排序第二的 B 公司中标，项目才得以顺利开展。

🔍 案例分析

（1）高校的问题。其一，高校负责老师缺乏采购经验，在提出采购需求时，仅

针对项目的技术参数、供货周期、售后服务等提出要求，对于项目的关联性没做要求。

其二，对于公开招标的公开性、中标公司的不确定性等没有充分的认识。

（2）采购管理部门与招标代理机构的问题。由于信息不对称，高校、采购管理部门与招标代理机构之间缺乏深入有效的沟通，导致原本关联性很强的两个项目被顺理成章地独立成两包进行招标，导致后期两家公司中标，项目无法顺利开展。

（3）A公司的问题。A公司中标意愿强烈，但是对于两个项目的实际需求没有与高校负责老师进行充分沟通，01包投标报价过低，有恶意中标嫌疑。

（4）B公司的问题。B公司由于前期与用户沟通良好，认为项目中标"非他莫属"，导致没有重视标书的制作，评标过程中没有取得明显的分值优势。

案例启示

（1）高校老师作为最终使用者，对于项目的前期调研一定要认真、充分、详尽，广泛调研、博采众长，提出科学合理、满足项目的采购需求。

（2）高校要学习、了解采购相关的法律法规，认识到公开招标采购的"公开性、公平性、公正性"，不能事先对潜在供应商做出不切实际的允诺，且应做好接受任何评标结果的心理准备。

（3）采购管理部门对于高校的采购管理工作有着必不可少的管理责任，有义务、有责任向高校介绍采购相关方面的政策法规，以及采购过程中可能遇到的各种问题，让高校提前做好相关工作。

（4）采购管理部门要与高校老师进行充分的沟通，了解项目的详细需求，以及高校老师前期调研情况，为采购后续工作提供参考依据。

（5）招标代理机构与采购管理部门的沟通也是必不可少的，招标代理机构应该根据已有的采购需求情况，向采购管理部门提供建设性的意见和建议，对于多个项目同时采购时的分包、拆包要格外谨慎，避免出现不必要的麻烦。

（6）评标专家评标时，不应被标书绑架，要充分考虑项目特点及实际情况，做出专业、科学的判断。

案例 5

合理确定工作流程，确保学生公寓家具采购顺利进行

案例描述

北京某高校计划采购博士生、硕士生、本科生家具 6238 套。为完成好采购任务，确定了先进行公司资格预审，再进行家具方案招标（不含价格），最后进行货品招标（包括价格）的三段式招标。

第一阶段：通过中国政府采购网发布家具采购资格预审公告，从 24 家报名公司中评选出 10 家入围公司作为正式投标人。第二阶段：邀请 10 家入围公司分别勘察博士生、硕士生、本科生公寓，并根据公寓环境提交拟投标各式家具的设计方案和样品。之后，由博士生、硕士生、本科生、宿管人员、辅导员代表投票评选出排序第一的方案。该校组织专家再将其他公司的设计优点完善到排序第一的方案中，确定家具招标方案。第三阶段：10 家公司按照统一的招标方案要求，制作投标文件（含价格）并提供样品，经评标委员会评审后，该校最后按照评标决议确定中标公司。

案例分析

（1）资格预审。市场上生产家具的公司众多、良莠不齐，通过资格预审，对公司信誉、业绩、服务等进行评价，筛选出信誉良好、有公寓家具生产经验、产品质量和售后服务可靠的专业生产公司。

除政府采购对合格供应商的基本要求外，此次资格预审重点审查的其他内容还包括公司管理水平及获得的荣誉证书、公司产品绿色环保认证情况、公司业绩及售后服务机构和措施、公司使用的主要原材料情况（包括质量及甲醛释放量）等，经资格预审委员会以投票方式进行排序，确定了前 10 名公司作为合格投标人（入围公司）进入下阶段投标。

（2）确定家具招标方案。高校统一组织 10 家入围公司勘察公寓环境并与学生进行交流，要求公司在满足不同学生家具使用要求的基础上，能够最大限度地满足学生的审美要求。10 家入围公司根据各自对公寓家具使用和审美的理解，均在规定时间内完成了方案设计并生产出样品。高校将各公司样品随机编号，由博士生、硕士生、本科生、宿管人员、辅导员代表组成评选小组，对设计出的样品进行直观了解之后，以无

记名投票方式选出排序第一的设计方案。高校组织专家再将其他公司设计优点完善到排序第一的方案中，确定了家具招标方案（包括样式、尺寸、材质、功能、工艺、质量、环保和服务等要求）。

家具招标方案统一了宿舍家具的客观标准和要求，不需要投标人在最终投标时再进行任何深化设计，方便评标委员会更为客观地进行最终评审。

（3）货品招标。货品招标以第二阶段确定的家具招标方案作为技术需求并要求提供样品，同时严格提出了招标商务要求（如报价、抽样检测、付款方式、违约处罚等），10家入围公司均按招标文件要求提交了最终投标文件。评标委员会经过客观评审，推荐出能够最大限度满足招标要求的公司，高校与之签订了采购合同。

为防止中标公司的供货产品和投标产品不符，高校封存了所有中标公司的投标样品作为供货时验收的一个依据。另外，在验收时，高校随机抽取了每个中标公司（共三家中标公司）两套家具送第三方检测机构进行了甲醛释放量检测和全性能检验，确保家具符合采购要求。

项目验收通过后，各使用单位均反应良好，并给予了高度评价。

案例启示

以往的高校家具采购一般由使用单位提出家具的基本要求后直接招标，很难形成一个统一规范的客观标准，也不要求提供样品，造成采购中容易出现以下问题：

（1）家具生产公司众多，生产的家具质量差别甚远。如果没有资格预审，很有可能会有信誉和产品质量较差的公司参与投标甚至虚假投标，给后续采购工作带来很大困难。

（2）使用单位只是家具的最终使用者，而不是家具方面的专业人士，在没有足够数量的样品的情况下，很难提出一个真正符合自己实际需求的家具招标方案。

（3）由于没有一个统一规范的采购标准，投标公司各自按照自己的理解进行深化设计后投标。采购的同一家具，投标公司可能会提供不同的样式、材质和功能，不易于评审专家进行客观评审。

（4）由于没有提供样品，评审专家只能通过投标人在投标文件中提供的书面材料进行评审，很难客观判断产品质量优劣。

（5）通过三段式招标，可以避免上述四个问题的出现，评选出信誉良好、实力突出、经验丰富的家具生产公司作为中标单位，购买到最符合高校要求的投标产品，顺利完成采购任务。

案例6

餐桌椅引发的烦恼

📊 案例描述

　　某大学新校区食堂需要采购4人连体餐桌椅共计1800套，省财政部门审核批准其采用公开招标方式进行采购，于2016年4月8日在中国政府采购网和河北省政府采购网发布招标公告，公告发出后共有34家潜在投标人报名。

　　招标文件规定开标时间为2016年4月28日，到投标截止时间共有17家公司在要求的时间和地点提交了投标文件和样品。17家公司分别为A、B、C、D、E、F、G、H、I、J、K、L、M、N、O、P、Q。

　　招标代理公司按照规定程序进行了开标，各投标人的报价情况：A公司136.8万元，B公司123.12万元，C公司98.82万元，D公司86.4万元，E公司105.84万元，F公司99.9万元，G公司102.6万元，H公司99万元，I公司100.8万元，J公司127.8万元，K公司95.4万元，L公司118.8万元，M公司125.64万元，N公司111.6万元，O公司136.8万元，P公司101.88万元，Q公司87.3万元。其报价均没有超出招标文件规定的最高限价149.4万元。

　　评标委员会由7人组成，其中，在当地政府采购办抽取了评标专家5人，招标人推荐2人。

　　招标文件规定的评标办法为综合评分法，具体分值如下：投标总报价40分［有效报价中最低者为评标基准价，得满分；其他投标总报价得分＝（评标基准价／投标总报价）×40］，设备技术性能及配置水平22分，技术方案及生产加工工艺10分，投标人信誉实力、设备供货能力及技术支持15分，相关证件及业绩8分，样品5分。

　　评标委员会按照规定的评标程序和评标办法进行评标，首先对投标人进行了资格审查，资格审查内容如下：投标人有效的营业执照、法人代表授权书、法人授权代表身份证、国家实行生产许可证的产品，投标时需提供该产品的全国工业产品生产许可证、被授权人的社会养老保险凭证、投标人2013年1月至2015年年底的同类产品业绩。经审查，C公司、J公司、N公司、P公司、Q公司5家投标人未提供被授权人的社会养老保险凭证，经评委讨论认定该5家投标人其资格审查未通过，其投标作无效处理。在随后进行的符合性审查中，其余12家均通过了资格审查和符合性审查。其后评委对12家投标人进行了商务和技术的详细审查，评委到摆放样品现场查看了样品并做了记录。根据评委的打分结果对投标人进行排序，并推荐D公司为第一中标候选人，M公司为第二中标候选人，L公司为第三中标候选人。其结果经过招标人确认后，在河北省政府采购网进行了公示，第一中标候选人D公司为中标人。

评标结果公示后，某投标人质疑其公示结果，质疑理由是D公司提供的产品样品桌面材质和靠背均不符合招标文件的要求。根据投标人提出的质疑内容，招标人和招标代理公司对样品又进行了查看，发现其样品确实存在瑕疵，招标人也担心如果按照此样品生产可能对使用造成隐患。招标代理公司迅速通知该公司对样品进行了确认，并指出D公司产品样品确实与招标文件要求存在差距，如果按照招标文件要求的技术标准进行制造和验收，有可能比原样品造价要高，使其生产成本增加，按照现在D公司所报价格，有可能造成亏损，因此建议D公司放弃此次中标机会，以免造成合同纠纷。如果D公司放弃中标后可以推荐排名第二的中标候选人作为中标人，但是D公司不同意退出，并要求签订合同并作出保证即便赔钱也干。

在这种情况下，招标代理公司咨询省采购办，并根据财政部财库〔2012〕69号文件规定，邀请原评标委员会全体成员对原评标结果进行审核。经过评委讨论，认为此次评标考虑到了样品的因素，因为样品属于打分项，共占5分，不是废标项，不能因为其样品不符合要求就废标，所以经评委讨论依旧维持原评标结果。招标代理公司按照评委的复核意见分别通知了质疑的投标人，该投标人没有再进行投诉。

在此情况下，招标人与中标人签订了供货合同，中标人按照合同要求交了货，在对货物进行验收的过程中，招标人发现其产品仍有较多问题，所以该货物没有通过验收。由于学校正常开学，学生就餐需要使用餐桌椅，在使用过程中有部分靠背发生了损坏掉落，严重影响了餐桌椅的正常使用，并且还存在安全隐患。招标人就此对D公司提出索赔，至今未有结果。

案例分析

（1）招标文件的问题。招标代理公司和招标人在制作招标文件的过程中没有充分考虑样品在评标因素中的比重。可以把样品作为废标项或适当提高在技术分中所占分值。

（2）评标委员会的问题。评标委员会在评标过程中没有认真查看样品，D公司的样品明显不符合招标文件要求，但是评委还是按照正常程序给D公司打了分，评标时应该对其样品不符合要求的情况进行认定，看其是否属于重大偏差，如果属于重大偏差可以定为无效投标。

在评标过程中，评委没有对投标价格进行分析，招标人在招标文件中规定了最高限价149.4万元，而D公司的报价为86.4万元，比限价低了将近一半，评委应该审查其投标报价是否属于恶意竞争，或请D公司对其报价进行价格成本分析。

在本项目的评委复议过程中，评委没有站在招标人和投标人的立场去考虑问题，仅依据招标文件评标办法，为自己的评标打分结果找支撑，没有根据实际情况调整自己的做法，认为样品一项仅占5分，样品不好打分低一点就行了。

（3）中标人的问题。没有认真研究招标文件的技术要求，认为其只要提供了样品就可以，尤其是当招标代理公司和招标人向D公司指出样品存在的问题后，其没有认真核算其制造成本，硬着头皮签订合同，认为只要把货交了招标人就会付款，抱有一定的侥幸心理。

案例启示

（1）招标代理公司和招标人在编写招标文件的过程中，可以把样品不符合要求作为废标项，尤其是涉及师生身体健康或有环保要求的项目。

（2）评分标准建议改进。D公司的报价最低，报价分按照最低价得最高分的计算方法，即便评委把技术分打得较低，其总得分也会较高。为了避免恶意竞争，建议采用投标平均价得最高分，即平均价满分制。

（3）投标人应加强项目成本核算，避免侥幸心理。在本次招标过程中可以看出D公司在经营中存在一定问题，缺乏认真、严谨的态度，在招标代理公司和招标人向其指出存在的问题时，应该认真核算制造成本。

案例7

某高校体育馆公开招标一批钢制家具的分析与启示

案例描述

某高校新建成一座体育馆，以公开招标的方式采购一批钢制更衣柜及储物柜，需投标人提供样品（材质、钢板厚度、工艺流程、刚性、粉末喷涂等基本事项标书中已明确），预算金额为90万元。

场馆设计工作由某设计院完成，该设计院一并负责馆内整体布局、内饰等工作，为达到最好的整体设计效果，兼顾艺术性与实用性，该设计院向该校推荐了一家经常与其合作的钢制家具厂商A。

厂商A以80万元投标，厂商B以60万元投标，厂商A提供的样品为通用样品，厂商B的样品是为此次投标专门制作的样品。经过综合打分厂商B排名第一，被评标委员会推荐为第一中标候选人。体育馆用户老师因厂商B未注重沟通时提出的问题而对厂商B投标样品不满意，拒绝确认中标结果。最终，经过长时间的协商，厂商B退出合作，项目得以顺利开展。

案例分析

（1）用户老师的问题。受第三方（设计院）影响过大，主观上有促成厂商A中标的意愿，在与厂商B的沟通过程中，态度有些消极，造成双方关系紧张，沟通不充分。

（2）厂商B的问题。与用户老师沟通不够。提供的样品按照招标文件整体要求制作，忽略了双方沟通时用户老师提出的细节之处，被用户老师先入为主地认为在合作态度上存在问题。

（3）厂商A的问题。前期已与用户老师进行了深入沟通，认为中标十拿九稳，投标价格未考虑家具行业竞争激烈的特点，报价80万元，不具有较强竞争力；提供的投标样品已在很多项目多次使用，存在瑕疵，与厂商B为本次投标专门制作的样品相比，不占优势。

（4）评审专家的问题。没有站在采购人角度考虑问题，未采纳用户方代表对各家投标人样品情况的意见，在评审过程中简单地促成了厂商B综合得分排名第一。

 **案例启示**

（1）用户在确定采购需求过程中，要有主见，不能被第三方的意见左右，应根据实际，客观公正地提出招标需求。

（2）用户应以平和心态与投标人进行沟通，不能以主观臆断判断投标人完成项目的能力。

（3）在评审过程中，用户应注意克制情绪及使用一定的沟通技巧，尽量让评审专家接受用户方所阐述的意见。

（4）投标人在制订投标方案前，如有条件应与采购人进行深入沟通，全面理解项目需求，避免以低价等方式获得中标资格，却在后期执行过程中与采购人产生分歧。

（5）招标代理机构应在平时做好专家统计工作，屏蔽有不良记录的评审专家，为项目评审营造公平、公正的环境。

（6）部分具有特殊情况的项目，在政策范围内，采购管理部门可考虑采取公开招标以外的其他采购方式，提高采购效率。

案例8

引入样品评价机制，切实提高招标采购质量

案例描述

某高校为图书馆新建馆舍批量采购书架，第一批为开架阅览区的钢制双面书架，分为6层和3层两种规格，每节预算约1000元人民币，共计480余节。第二批为书库中的电动密集书架，每节预算约2500元人民币，共计1400余节。两批采购均采用公开招标方式。

第一批钢制双面书架招标项目公告后，共有12家公司购买了招标文件；截至开标当天，有7家公司提交了投标文件和招标文件中要求的样品。除1家公司投标报价严重超出项目预算外，其余6家公司的报价在28万余元至近40万元不等。评标委员会按照招标文件载明的评标方法进行评审，虽然在技术指标和样品分数上给予了必要的考虑，但与价格分相加后，提供了质次价低产品的投标人被推荐为中标候选人，而其提供的样品质量并未达到投标文件的要求，不能满足实际使用需要，且外观工艺粗糙，与新馆环境极不协调，对开馆后的读者接待和参观来访将会造成不良视觉效果。该校

表示不能接受此次评标的结果。因该项目预算金额不足 50 万元人民币，属于校定招标项目，评标委员会根据该校的申请，依据校定招标规定予以作废。

第二批电动密集书架招标时，该校吸取了前次招标的经验教训，事先组织了专家论证会，重新设定了综合评价法中的权重。最终的评分权重：价格 30 分、技术指标 15 分，样品 40 分、服务与承诺 10 分、资质案例 5 分，共计 100 分；并将样品 40 分细化为外观 10 分、工艺 10 分、结构 10 分、智能控制系统 5 分、样品综合评价 5 分，并在招标文件中明确要求各投标人现场演示标书中承诺的样品功能，演示时须隐去投标人名称，以抽签序号作为代号，使得专家能以"盲评"的方式，公正地给予每个样品应得的分数。招标项目公告后，共有 11 家公司购买了招标文件；截至开标当天，有 4 家公司提交了投标文件和样品。经过专家的量化评审，该项目以仅略高于预算一半的价格买到了质量有保障的产品，该校对评标结果非常满意。

案例分析

本案例中的书架一般被视为家具，归为通用类产品，此类产品在市场上质量参差不齐。低端产品对生产商的各方面要求较低，高端与低端产品之间的价格差可达数倍。书架作为特殊家具，既有承重和安装的工艺质量要求，也有陈列展示的外观要求和方便持久的使用要求。定制书架看似简单，实则各类要求细节繁多。本案例中，采购方在第一批书架的招标文件编制时，注意增加了样品分内容，但是权重不足，百密一疏，给低端产品生产商以低价赢得标的的机会。评标专家受限于招标文件的评审方法，即使看到了投标样品外观上的严重不足，也无法充分发挥自己的专长和经验。第二批书架招标时，招标文件对样品的评比方法明确，权重也更加合理，使得投标人也更加认真地对待项目要求，特别是要保证样品的质量。评标过程中，专家的专长和经验得到了有效发挥，取到了非常好的评比效果。

案例启示

（1）对招标文件的技术要求进行编制时，除了对产品的数量和基本规格需要明确，还应当在各类指标上尽量做到具体、细致，既能提高投标人对投标响应的重视程度，也能防止一些投标人钻空子。

（2）应当根据不同的项目特点在评分方法中恰当地设置评分内容及其权重。如在本案例中，书架作为一种具有展陈功能的家具，在外观、结构、操作性上有不同于一般家具的要求。这些要求中，有的很难指标化，需要尽可能贴切地去描述。在评标过程中，为了落实好这些要求，一方面应当要求投标人提供样品，将投标人对描述性要求的响应可视化；另一方面应当考虑提高样品的权重，以更好地发挥评标专家的主观能动性。这两条经验也让随后的招标项目在评标中取得了令人满意的效果。

（3）有一种观点认为，对于一些指标简单的通用类产品，应当提高价格权重，以达到"能用且价格最低"的招标结果。这种观点是从节约经费的角度来考虑的，但有时却忽略了质量，特别是质量中直接影响使用寿命和使用效果的因素。例如，一种通用类产品，A公司提供的价格仅为B公司的一半甚至更低，在提高价格权重的情况下，A公司应该会在竞标中胜出。虽然A公司的产品是"能用"的，但是寿命只有1年左右，而B公司的产品则可以使用多年。那么从采购方使用效益来讲，还是买B公司的产品更好。在多数情况下，"产品寿命"或"使用效果"很难在评标时作出精确判断，也很难拿出直接的证据，往往造成评标专家和采购人只能无奈地选择A公司产品。价格权重越高，这种情况越容易发生。

（4）普遍来说，投标文件对招标文件的响应以书面文字和图片为主，这种方式对于一些定制类产品，或者对加工工艺有要求的产品来说，存在较大的评标风险和合同执行风险。要求投标人提供实物样品，并合理设置样品权重，以较好地降低评标风险。必要时，还可以要求投标人进行样品演示，以证实投标文件中给出的承诺。评标后，封存样品作为验收标准，可以在很大程度上避免合同执行风险。以上经验对提高招标采购质量大有益处。

案例 9

谁该中标

📊 **案例描述**

某大学新校区需新建一动物实验室，为了使实验室更具实用性，该校找了比较有经验的A公司对该工程进行施工设计，做了工程量清单和预算，然后，省财政部门审核批准采用竞争性磋商方式进行采购，该校于2016年8月8日在中国政府采购网和河北省政府采购网发布采购公告。同时，该校组织相关部门与潜在投标商进行了技术交流，对技术参数进行了修改。公告发出后有共有4家具备资格条件的公司报了名。

申请人在竞争性磋商文件规定的时间和地点提交了响应文件，各申请人的报价情况：A 公司 826.80 万元，B 公司 830.59 万元，C 公司 789.97 万元，D 公司 759.10 万元。其报价均没有超出招标文件规定的最高限价 830.61 万元。

磋商专家小组共 3 人：河北省政府采购办抽取专家 2 人，该校推荐 1 人。

磋商专家小组按照规定的评审程序和评审办法进行评审，申请人均通过了资格审查和符合性审查。磋商专家小组对 4 家申请人进行了商务和技术的详细审查和打分排序，并推荐 C 公司为第一中标候选人，A 公司为第二中标候选人，D 公司为第三中标候选人。在该校确认评审结果的过程中，有人提出第一中标候选人在动物实验室净化方面经验不足，担心其施工质量会有问题，要求公示排名第二的 A 公司为供应商。理由是该动物实验的净化工程的净化标准较高，A 公司经验丰富，学校已经与 A 公司进行了深入沟通，工程委托给 A 公司最为放心。根据评审情况分析，C 公司总得分为83.98 分，A 公司为 77.53 分。C 公司评为第一中标候选人的原因是其报价为次低价，报价得分最高，在施工组织方案中项目部人员有高级净化行业管理师加了 5 分，这样C 公司得分高于 A 公司，排名第一。

根据《中华人民共和国政府采购法实施条例》相关规定，采购人应当在评审报告推荐的中标候选人中按顺序确定中标供应商。经过反复沟通，该校内部意见不能统一，以致长达 20 多天确定不了成交人。为了确认 C 公司是否具备本工程施工能力和能否保证施工质量，招标代理公司与净化学会进行联系，请净化学会协助聘请了本行业的一流专家对该招标结果进行了论证，论证结果认为 C 公司的资格和能力完全可以满足本工程施工的需要。该校统一意见后对评审结果进行了公示。

案例分析

（1）高校的问题。本项目的设计和工程量清单应该委托具有相关资质的单位去做，这里有一个责任和费用的问题。按照招标法规规定本项目的设计单位和造价公司不能作为施工项目的投标人进行投标。况且还想让其中标，这就具有串通投标的嫌疑，不符合法规要求。

（2）投标人的问题。投标人 A 公司在项目前期做了大量工作，发生了部分费用，从心理上觉得前期为招标人做了工作，人员关系也搞得不错，感觉中标的概率较大，故在报价时把价格拉得高了点，所以 A 公司在报价上不占优势。

投标人 C 公司在报价上优于 A 公司，报价得分最高，在施工组织方案中项目部人员有高级净化行业管理师加了 5 分，所以整体占了优势，总分 C 公司比 A 公司多了 6.45 分。

案例启示

（1）投标人在制作招标文件和评审过程中，有些招标的规定如果掌握好就不会出现纰漏，应避免让投标人钻空子影响采购的效果。

（2）在采购项目的技术条件不成熟的情况下，可以请潜在投标人提供相关技术资料或进行技术交流，技术条件定稿后再制作招标文件、发布招标公告。有的项目可以采用两阶段招标的形式。

案例 10

含放射源设备购置、使用的系统性风险与防控

案例描述

某高校某实验室已有一套含放射源设备，现需购置一套国外的含放射源设备，经公开发布招标公告、潜在供应商征集和专家评判，A 供应商安排其销售人员响应招标并中标。该校与 A 供应商签订了采购合同。

进入合同执行阶段时，学校发现 A 供应商无辐射安全许可证，不具备放射源的销售资质。经与 A 供应商多次沟通协商，该校以律师函方式提出两种解决方案：①A 供应商办理辐射安全许可证；②A 供应商与该校解除合同。最终，A 供应商按法律法规要求办理了辐射安全许可证，取得销售资质后，向该校提供合同中的货物及服务。

案例分析

（1）供应商问题。项目负责人员为销售人员，在对项目和相关设备技术要求了解不全面、不充分的情况下进行投标活动，缺乏相关资质、专业知识和业务能力；合同执行过程中供应商业务代表流动性大，人员变动带来的工作交接等，导致执行时间较长；对与实验室安全相关的政策法律不熟悉，重视程度不够，把问题简单化。

（2）高校问题。市场调研过程考虑简单，只从国外实验室现有使用案例的技术角度进行了考察，未考虑到国内政策、市场环境和采购环节要求；作为已有在用放射源

的实验室，对相关安全要求和程序不熟悉，未提前进行放射源使用许可申报，未在资质要求中明确提出供应商应具有辐射安全许可证。

（3）评审专家问题。评标时只对技术响应、价格等方面进行评判，未考虑到相关资质问题，并未对进口放射源所需的辐射安全许可证向学校提出建议，做出明确要求。

案例启示

（1）在对实验室尤其科研类实验室进行资产配置时，设备一般具有较强的专业性，此时要在申报预算和购置前，考虑该设备对实验室的环境条件有无特殊要求和对实验室安全的影响，如是否为放射性物质、高温高压、高速、强磁等设备，并根据设备和相关政策要求提前进行环境改造、环境评估、人员培训、手续申报等相关工作。

（2）资产购置前期调研不仅要对设备技术情况进行考察，还要对国内外已有用户、潜在供应商、实验室人员配备等进行调研和安排，以便前期购买和后期使用能顺利进行。

（3）供应商应认真考虑采购方项目内容，对项目中需求的设备以及配套耗材涉及实验室环境安全因素的，要进一步了解采购方使用条件、使用资质以及专业技术要求，在此基础上再根据自身经营范围和能力有选择地进行商务活动，以免后期出现问题。

（4）在采购活动中，技术指标论证专家、评审专家的专业分类应更精细化和精准化。学校对有关实验室安全的政策法律应进一步加强宣传与培训，增强相关人员的安全、法律意识。

案例 11

高校电梯采购与履约环节应注意的问题

案例描述

某高校采购 4 台学生高层公寓电梯，要求中标供应商在规定时间内拆除一栋大学生高层公寓内的 4 部老旧电梯，同时安装新电梯，保证不能影响学生的正常学习生活。由于该采购项目是特种设备采购项目，该校委托了中央国家机关政府采购中心进行公开招标。A供应商以最低价投标，投标文件全部响应招标文件要求，A供应商综合评标得分排序第一，经中央国家机关政府采购中心采购项目评标委员会评定，A供应商中标，中标价为 159.85 万元，比招标预算低 30 万元。

在该校与 A 供应商签订合同和履约过程中，发现实际履行合同时，电梯安装单位是 A 供应商授权的一家二级资质的安装公司——B 公司，而非 A 供应商。在安装过程中该校发现 B 公司有电梯安装工程停工、工期滞后、安装合同项目履约漏项等情况发生。电梯安装调试合格后进入试运行阶段，发现 B 公司已将电梯交接给 A 供应商的维保部门，负责这 4 部电梯的维护保养。在 4 部电梯维护保养期间，存在电梯事故频发、事故出现后到场修理不及时和日常维护保养不到位等履约瑕疵，严重影响电梯安全运行，该校多次约谈合同相对方——中标公司 A 供应商，A 供应商响应与整改效果不佳。

案例分析

（1）本次采购采用了委托政府采购代理机构进行公开招标的方式进行购置。招标结果是投标最低价厂商——A 供应商中标。从 A 供应商后期的表现看，该供应商有低价抢标的嫌疑。

（2）合同履约环节经过了层层转包，中标公司——A 供应商只考虑节约自身成本，以实现效益最大化，没有充分考虑学校的需求，对学校的要求置之不理。

（3）学校没有充分考虑到此次电梯采购的实际情况，简单采用了公开招标的政府采购方式。在不违反《中华人民共和国招标投标法》（以下简称招标投标法）和《中华人民共和国政府采购法》（以下简称政府采购法）的前提下，政府采购代理机构没有探索其他更为灵活的政府采购方式，或者在评标现场没有充分听取学校的意见和建议。

（4）电梯的验收是按照《电梯安装验收规范》《电梯工程施工质量验收规范》《电梯主参数及轿厢、井道、机房的型式与尺寸》等行业规范和国家标准就电梯功能性、技术性、安全性、规范性进行验收，但对电梯整体系统配套附件的档次和质量，如轿厢内的照明灯具是否符合招标文件要求选用节能 LED 光源、外呼显示面板是否为一体式液晶显示、开门方式是否带防扒开装置等未做实质性的专业鉴定，这就给学校对这些专业配件进行实质性验收时带来困难。

案例启示

（1）在实际招标工作中，结合高校实际情况，在招标额度和政策允许的前提下，适当改变招标方式，如采用邀请招标的方式，加强采购方主动选择的权重，完成采购。邀请招标的优点是对投标人以往的业绩和履约能力比较了解，减少了合同履行过程中中标方的违约风险。所需时间短、工作量小、招标成本低，被邀请的投标单位的中标率高。高校可以在以往合作过的或兄弟院校合作过的有相应资质和信誉保证的企业中，选择对象邀请其进行招标，避免履约风险。

（2）如果不能改变公开招标的方式，高校可以在公开招标评标过程中，按评标规定，出示采购建议书，建议评标项目组在充分遵守招标投标法、政府采购法的前提下，评标时优先考虑高校推荐的某些品牌，合理发表采购观点，避免采购风险。

（3）合同签署环节，应特别注明厂商必须指定有相应级别（省级以上）技术监督部门颁发的相应资质的电梯安装、维护保养企业予以电梯的安装、维护、保养，对电梯安装时间进行明确限定。

（4）对未购买或未使用过的电梯品牌及以往未合作过的中标企业，应适当缩短免费维保周期，以避免使用风险的发生。

（5）对于专业性、技术性强的大额设备采购项目，为避免工程施工质量和验收质量风险，在采购单位技术力量不足的情况下，应聘请有项目专业资质的监理公司进行监理。

（6）应该加强电梯采购安装合同履约后的管理。对于在采购后，电梯出现故障不及时响应、不能及时维修、电梯年检不合格、遇到问题不及时整改等合同履行不到位的问题，在校内有关部门约谈督促企业整改，企业不回应、不整改时，及时向当地质监局、安监局等政府职能部门投诉举报失职企业，政府职能部门应予以法律层面的干预。

案例 12

50 万元（含）以上进口产品审批问题解析

案例描述

某高校 A 学院采购色谱仪一套，因科研工作需要只能采购进口设备，设备预算为 49 万元。该校政府采购部门在招标立项过程中发现该设备属于进口产品但不足 50 万元，无须进行进口产品审批，于是采取公开招标的程序进行了采购。最终由 B 供应商中标。

上级部门审计时发现，A 学院除购买了金额为 49 万元的色谱仪主机，还采购了金额为 11 万元的检测器，该检测器为色谱仪的不可分割的配件，故该套色谱仪合计金额应为 60 万元。以上情况属于故意拆分项目，以不履行进口产品审批程序。

查阅支付凭证后发现，A 学院采购设备前期分开履行了设备采购报批程序，但在向财务部门申请付款时，是将主机和配件一起申请付款的。

案例分析

（1）A学院的问题。一是A学院在经费统筹时一次性分配给采购人的采购款不足50万元，采购人因急于使用该设备，想先购买主机，等其他渠道筹到经费再购买配件，忽视了该配件在功能上为不可拆分的部分，造成采购过程中的项目拆分。二是A学院对经费统筹和采购预算意识不强，没能将有关政策很好地传达给各位采购人，没有提前制订采购计划，造成资金与采购需求不匹配。三是采购人对进口产品审批备案流程不了解，力求将预算控制在50万元以内，希望规避进口产品的审批备案。

（2）B供应商的问题。由于中标供应商与采购人长期接触，在采购之初为采购人提供预算方案时，为达到销售产品的目的，明知主机和配件不可分割，还是按照采购人的需求，有意规避了某些指标参数，并在中标后供货时再将配件一并销售给采购人。

（3）学校财务审核的问题。学校财务审核人员不了解政府采购进口产品的相关规定，在该设备主机和配件一起付款时，对一部分履行了招标程序、另一部分未履行招标程序问题不敏感。

（4）评审专家的问题。评审专家没有关注到配件问题，仅就招标文件中的技术指标和技术参数进行了评审。

案例启示

（1）在项目立项评审时，增加专家评审把关程序，对于接近50万元的设备要重点审查是否包含配件。

（2）加强进口产品审批备案有关政策的宣传，让采购人及时了解政策的变化。严格执行进口产品的审批备案，对违反相关政策的行为严肃处理。

（3）建立"黑名单"制度，将存在主观故意违反政府采购流程行为的供应商列入"黑名单"。

（4）财务部门在经费支付时，要进一步加强对进口产品付款时的审核力度。

案例13

通过拆分项目规避政府采购

案例描述

2017年4—5月，某高校国有资产与实验室管理处将属于同一预算项目下年累计采购预算为 174 万元的管理信息系统建设任务，分拆成 3 个软件开发项目（校内预算号一致），依据校内政府采购限额以下采购程序实施了竞争性磋商，成交服务商均为同一家公司。

案例分析与启示

招标投标法第四条："任何单位和个人不得将依法必须进行招标的项目化整为零或者以其他任何方式规避招标。"《中央预算单位 2017—2018 年政府集中采购目录及标准》："除集中采购机构采购项目和部门集中采购项目外，各部门自行采购单项或批量金额达到 100 万元以上的货物和服务的项目、120 万元以上的工程项目应按《中华人民共和国政府采购法》和《中华人民共和国招标投标法》有关规定执行。"显然，该校的采购行为属于将依法必须进行招标的项目化整为零或者以其他任何方式规避招标，在实际工作中应该予以避免。

高校在货物采购中，不应为了简单、方便而将应公开招标的项目采取其他方式进行。

案例 14

拆分工程避免公开招标

案例描述

2016 年 8—11 月，某学院将同一施工地点的渣土清运工程进行拆分，分三次采取邀请招标方式选取特定投标单位。同时，中标单位提供虚假项目经理资质，分三次中标，中标总金额为 339 万元。

案例分析与启示

招标投标法第四条："任何单位和个人不得将依法必须进行招标的项目化整为零或者以其他任何方式规避招标。"第二十六条："投标人应当具备承担招标项目的能力；国家有关规定对投标人资格条件或者招标文件对投标人资格条件有规定的，投标人应当具备规定的资格条件。"第三十三条："投标人不得以低于成本的报价竞标，也不得以他人名义投标或者以其他方式弄虚作假，骗取中标。"第三十七条："评标由招标人依法组建的评标委员会负责。依法必须进行招标的项目，其评标委员会由招标人的代表和有关技术、经济等方面的专家组成，成员人数为五人以上单数，其中技术、经济等方面的专家不得少于成员总数的三分之二。"第四十条："评标委员会应当按照招标文件确定的评标标准和方法，对投标文件进行评审和比较。"

高校对工程项目的采购应增加专业把关的环节，规范招标过程。

案例15

投标人涉嫌围标、串标

📊 案例描述

某高校有11项设备采购招标存在投标单位负责人为同一人或者存在控股、管理关系的不同单位参与同一项目投标的现象，中标金额为1696.75万元，涉嫌围标、串标。在2013年新三舍工程项目施工招标中，A建工集团有限公司为A建工集团吉隆建设有限公司唯一股东，两公司同时参加了新三舍C、D栋工程项目施工招标（分两标段，投标单位共4家，均同时参加两标段投标），其中，A建工集团吉隆建设有限公司中标C栋工程，中标价为7131.56万元；A建工集团有限公司中标D栋工程，中标价为5761.36万元。

📊 案例分析与启示

《中华人民共和国招标投标法实施条例》第三十四条："与招标人存在利害关系可能影响招标公正性的法人、其他组织或者个人，不得参加投标。单位负责人为同一人或者存在控股、管理关系的不同单位，不得参加同一标段投标或者未划分标段的同一招标项目投标。违反这两款规定的，相关投标均无效。"

高校在进行招标时，应认真审查投标人的资质，核实投标人之间是否存在利害关系。

案例16

评审委员会组成不合规

📊 案例描述

某高校自行组织采购货物、工程和服务项目，评审专家均未从政府采购评审专家库中抽取，而直接从校内专家库中抽取。

案例分析与启示

《中央单位政府采购管理实施办法》第十四条："政府采购的评审专家的确定，应当按照《政府采购评审专家管理办法》规定，从财政部建立的中央单位政府采购评审专家库中抽取。"

案例 17

供暖锅炉及安装采购招标分包、检测费问题

案例描述

某高校采购特种设备供暖锅炉，标的价为250万元，标的中包含锅炉设备及锅炉安装服务，其中锅炉安装过程中的检测费用15万元，要求供应商聘请有资质的第三方检测单位进行检测，并支付相应费用。该项目不接受联合投标，可以接受锅炉厂家和锅炉安装施工供应商投标。最终该项目某锅炉生产供应商以230万元中标，并按要求在锅炉安装过程中聘请第三方检测单位进行了质量检测。

供暖锅炉安装完成后，按照合同要求提交内部审计部门进行工程验收审计。审计提出，锅炉生产供应商开具的设备款发票，不应该进行工程审计，其中检测费用部分不属于工程范围，不能进行款项支付，应由学校直接支付给第三方。

案例分析

（1）高校方面的问题。其一，高校设备使用管理部门对设备与工程管理要求认识不清。他们认为锅炉购置及安装使锅炉设备达到可以使用状态，"不接受联合投标、可以接受锅炉厂家和锅炉安装施工供应商投标"可以保证充分竞争的情况下，避免出现锅炉厂家和设备安装厂家中标后内部协调困难问题。购置及安装费都是设备组成部分，应该开具设备款发票，但设备使用管理部门未考虑安装施工也需要开具工程费发票并进行审计的问题，而特种设备生产厂家只有在具有一定安装资质的条件下才可开具工程费发票，在招标条件限制上未考虑相关问题。

其二，高校设备使用管理部门对甲方应承担的监管责任认识不到位。他们认为锅

炉检测费是锅炉安装费用的一部分，由供应商统一协调相关事宜：一是供应商相对熟悉检测业务流程，合理安排工程施工时间，保证工程按期完成；二是锅炉安装完成后如有质量问题，统一由供应商全权负责，减少学校风险。但设备使用管理部门未考虑学校对锅炉检测进行监督管理的问题，由供应商提供检测服务（谁付款，为谁服务），检测过程脱离了学校的监管，不符合第三方中立的原则；而且供应商在聘请检测单位时，以检测成本为核心衡量标准，检测质量难以保障。

其三，针对特种设备在安装过程中存在的情况，相关管理部门未进行深入沟通，财务部门、招投标管理部门对特种设备安装中设备费和安装费、检测费的情况了解不足，未及时为工程招投标及实施提供咨询服务。

（2）供应商的问题。其一，出于减免税收考虑，安装工程简单开具了设备款发票，应该开具工程费发票。

其二，供应商在向高校提供检测费用测算依据时，将检测费计入清单，计取管理费、利润等费用，提高了企业利润和甲方锅炉购置的成本。

案例启示

（1）对高校较少涉及的特种设备购置项目，相关特种设备使用与管理部门应做好事先调研和论证，尤其是特种设备的具体管理、审批规范等。

（2）高校审计、纪检等部门可以在重大采购事项招标范围确定阶段发挥咨询作用，明确风险防控重点环节。

（3）对于设备安装工程中需第三方参与（或分包）的内容，招标文件中要明确第三方供应商产生方式，由高校直接招标，或在招标时注明对第三方合作商的资质，确定时需要高校参与选择过程。

（4）针对设备安装项目，在招标过程对"设备"和"安装工程"两部分分别报价，其中"安装工程"部分依据工程招标规则按清单报价，开具发票时，设备部分开具"设备"类发票，"安装工程"部分按"工程款"开具发票。

（5）高校应加强设备采购、工程实施、项目验收的全过程管理，明确甲方责任，保障项目实施的效率和效益。

2.1.3 采购合同管理案例

案例 18

A、B 两所高校外贸合同处理方式的对比与分析

案例描述

某高校 A 公开招标 X 射线单晶衍射仪一套，预算为人民币 70 万元。经评标委员会打分排序，C 公司中标，中标金额为 69 万元。按照招标文件规定，进口产品报 CIP 北京机场免税人民币价，汇率按照美元兑人民币 1∶6.6 计算，进口代理公司由学校指定，进口代理相关费用由学校承担。

合同签订阶段，学校指定的进口代理公司与 C 公司签订外贸合同，外贸合同金额为 10 万美元（69 万元除以 6.9）。由于进口产品货期较长，外商发货时，美元兑人民币的汇率已经由招标采购时的 1∶6.6 上升到 1∶6.9，再加上进口代理公司的外贸代理费以及其他清关、报关等费用，合同最后的实际结算金额为 70.69 万元。实际结算金额超出用户的预算，并且超出合同的中标金额 69 万元，用户老师表示不理解。

同一时间，另一高校 B 公开招标矢量网络分析仪一套，预算也为人民币 70 万元。经评标委员会打分排序，D 公司中标，中标金额为 69 万元。按照招标文件规定，投标报价应该包括全部货值，以及校方委托的外贸公司的外贸代理费用等，外贸合同签约金额由学校方委托的外贸公司与中标公司按照一定汇率协商签订。

经过外贸公司与中标公司 D 协商，并签署相关协议，此外贸合同金额为 9.5 万美元，货到验收合格后，进口代理公司给学校方开具中标金额 69 万元的发票。学校没有受到汇率波动所带来的任何汇率风险，同时，保证了中标金额与发票金额相一致。

案例分析与启示

比较 A、B 两所高校所采取的处理方式，可以看出：

（1）汇率波动带来的风险是外贸合同众多风险中最常见的一项。在高校 A 的案例中，高校在招标时虽然考虑了汇率波动的风险，但是由于汇率波动不可预测，再加上启动招标采购时，人民币受各种因素影响有贬值的趋势，导致了实际结算时美元兑人民币的实际汇率已升到 6.9，再加上外贸环节相关费用，导致最后的结算金额超出预

算，出现了需要高校补充合同款的情况。

（2）高校 A 的案例中，汇率风险完全由校方承担。此种操作方式适合于以下两种情形：①相当长一段时间内，可以预测美元兑人民币的汇率波动不会很大，趋于相对平稳；②人民币未来有升值空间。此种操作方式的弊端有以下两方面：①无法规避汇率波动所带来的结算风险；②由于标书中只设定了美元兑人民币的汇率，对于需要以其他币种（如英镑、欧元）签约的外贸合同，操作流程不畅。

（3）高校 B 的案例中，汇率风险由中标公司及校方委托的外贸公司共同承担，其中，中标公司承担的风险相对多一些；校方不承担任何的汇率风险，这也是此案例的成功之处。

（4）A、B 两所高校所采取的外贸合同的处理方式各有利弊。在适当的环境下，如何合理规避汇率风险，保证高校利益的最大化，是我们应该重视与学习的。

案例 19

未建立统一的合同管理制度，合同归口管理部门不明确

案例描述

某高校采购尚未制定统一的合同管理制度，以规范各类合同的管理职责与分工、签订权限与流程、合同谈判、合同标准文本及杂项合同条款审核、合同执行与监督以及合同纠纷解决等。

学校尚未明确学校层面的合同归口管理单位；学校各学院自行管理其经办的合同。学校仅在各类具体业务合同管理层面，明确国有资产管理处、基建与规划处、科学技术处、人文社会科学处分别归口负责，但未明确学校层面的合同管理归口部门单位。

案例分析与启示

《教育部直属高校经济活动内部控制指南（试行）》中"第 7 号——合同管理"的第三条："高校应当建立健全合同内部管理制度，根据合同类型分类确定归口管理部门和合同执行部门。明确签订合同的业务和事项范围以及合同授权签署权限。明确合同拟定、审批、执行、登记保管等环节的程序和要求。"

案例 20

二级单位未经授权对外签订合同

案例描述

某高校正在逐步清理未经授权擅自使用部门公章的行为，但未正式下发印章管理办法予以规范。审计过程中，该校发现个别单位使用部门公章对外签订合同。如 2018 年 1 月，该校远程学院使用部门公章签订培训补充协议；该校多个部门均用部门章对外签订合同，如该校后勤集团等以自己名义用部门章与承租单位及个人签订房屋租赁合同；后勤处以自己的名义和部门章与该校维修部签订维修合同。

案例分析与启示

当事人订立合同，应当具有相应的民事权利能力和民事行为能力。《中华人民共和国民法典》第五百零二条："依法成立的合同，自成立时生效，但是法律另有规定或者当事人另有约定的除外。依照法律、行政法规的规定，合同应当办理批准等手续的，依照其规定。未办理批准等手续影响合同生效的，不影响合同中履行报批等义务条款以及相关条款的效力。应当办理申请批准等手续的当事人未履行义务的，对方可以请求其承担违反该义务的责任。"

案例 21

合同签订不规范

案例描述

某高校金融学院存在空白合同 2 份、倒签合同 4 份、签名签章错误合同 18 份；会计学院签名签章错误合同 7 份，还存在由院长以外其他人员签订短期培训合同的情况。

案例分析与启示

《行政事业单位内部控制规范（试行）》第五十四条："单位应当建立健全合同内部管理制度。单位应当合理设置岗位，明确合同的授权审批和签署权限，妥善保管和使用合同专用章……单位应当对合同实施归口管理，建立财会部门与合同归口管理部门的沟通协调机制，实现合同管理与预算管理、收支管理相结合。"

案例22

未落实对合同履行的监督机制

案例描述

某高校国有资产管理处、基建与规划处、科学技术处、人文社会科学处、计划财务处等业务管理部门尚未针对合同履行情况建立完善的监督机制。职能部门普遍存在"重合同签订把关、轻合同履行监督"的问题。如对收入类合同执行监管不足，存在"等款上门"现象，尚未完全做到定期检查收入金额是否与合同约定相符，对应收未收项目管理不细。

案例分析与启示

财政部《行政事业单位内部控制规范（试行）》第二十六条："单位的各项收入应当由财会部门归口管理并进行会计核算……业务部门应当在涉及收入的合同协议签订后及时将合同等有关材料提交财会部门作为账务处理依据，确保各项收入应收尽收，及时入账。财会部门应当定期检查收入金额是否与合同约定相符；对应收未收项目应当查明情况，明确责任主体，落实催收责任。"《教育部直属高校经济活动内部控制指南（试行）》中"第7号——合同管理"："高校应当建立健全合同内部管理制度，根据合同类型分类确定归口管理部门和合同执行部门。明确签订合同的业务和事项范围以及合同授权签署权限。明确合同拟定、审批、执行、登记保管等环节的程序和要求。""高校应设置专门岗位分别负责合同的起草、审核、审批、签订、执行、核算、保管和入档，并落实岗位责任制"。

案例23

未严格按照合同约定进行履约

案例描述

某高校新三舍C栋施工招标采用委托社会招标机构招标形式，招标文件规定承包方式为包工包料，固定总价，而中标公司投标文件中为"本合同采用固定单价合同"，投标文件未响应招标文件实质性内容，评委评标时未否决其无效投标，经评标后推荐其中标。中标后双方签订合同采取固定单价合同，总价为7131.56万元，2016年9月实际结算采取固定单价方式，结算价格为7984.72万元。该校2012—2015年取暖煤采购付款进度超过合同约定进度，且在未履约完毕时退回履约保证金。

案例分析与启示

招标投标法第二十七条："投标人应当按照招标文件的要求编制投标文件。投标文件应当对招标文件提出的实质性要求和条件作出响应。"

《中华人民共和国招标投标法实施条例》第五十一条："有下列情形之一的，评标委员会应当否决其投标：……（六）投标文件没有对招标文件的实质性要求和条件作出响应……"第五十七条："招标人和中标人应当依照招标投标法和本条例的规定签订书面合同，合同的标的、价款、质量、履行期限等主要条款应当与招标文件和中标人的投标文件的内容一致。"

2.1.4 采购验收管理案例

案例24

学生宿舍家具采购两段式验收

案例描述

北京某高校在完成6238套宿舍家具（分为钢制及木制两种）招标后，为保障家具采购质量与学生使用安全，家具验收分为家具生产和安装两个阶段进行。家具生产阶段验收内容主要是该校资产管理部门进厂实地检查生产家具所用材质的进货单据、加工工艺、生产进度；安装阶段验收内容主要是组织学生对家具进行随机抽取，并送家具质监站检测甲醛和理化指标。最终甲醛和理化指标检测结果全部优于国家安全指标。

案例分析

此次家具采购不仅有钢制家具，也有大量的木制家具。木制家具甲醛含量是影响学生健康最大的因素。同时，家具生产单位为了获取最大利益，降低成本，常常存在以次充好、偷工减料、材质不环保、转包生产、供货拖拉等问题，故该校验收分为家具生产和安装两个阶段，其目的有两方面：①在生产阶段通过检查进货单据、加工工艺、生产进度，可以发现生产中是否存在以次充好、偷工减料、材质不环保、转包生产、进度拖后等问题，并及时要求改正，同时督促生产进度，保证按期交货。②在安装阶段组织学生参与验收，对家具随机抽取，亲自送到家具质监站检测甲醛和理化指标，是学生参与家具采购的延续，是对生产质量和采购质量的监督。

💡 案例启示

通常的家具验收由宿舍管理工作人员进行，主要核对家具的式样、尺寸，材质、环保等往往无从下手。宿舍家具是否环保？是否达到理化指标要求？学生、教师、学校不知道，学生、教师、学校不安心。

通过两段式验收及学生参与验收监督，不仅督促前期的招标工作，同时促进生产厂家严格执行投标承诺，学生、教师、学校安心，圆满完成招标任务。

案例 25

虚构固定资产验收事项

📊 案例描述

2017 年 12 月 13 日，某高校与 × 科学器材有限公司签订采购合同，购置进口设备"疲劳试验机"，合同总金额为 209.80 万元。2017 年 12 月，该校办理"疲劳试验机"的固定资产验收手续并转入固定资产管理，反映设备验收时间为"2017 年 12 月 13 日"。截至 2018 年 6 月，设备仍未到货。

📊 案例分析与启示

《中华人民共和国会计法》第九条："各单位必须根据实际发生的经济业务事项进行会计核算，填制会计凭证，登记会计账簿，编制财务会计报告。"《高等学校财务制度》第二十八条："高等学校应当加强支出管理，厉行节约，不得虚列虚报。"

2.1.5　采购纠纷管理案例

案例 26

供应商低价中标后无法满足使用人实质性需求的案例

📊 案例描述

某高校采购一批多媒体教室设备，要求必须与使用单位已有多媒体系统无缝对接，以实现教学过程中的统一控制管理，标的价为 49.9 万元，技术指标主要由 B 供应商协助撰写。A 供应商与 B 供应商就某一项目有过激烈竞争，当时 B 供应商以最低价竞得项目。此次 A 供应商以低价 28.6 万元投标，全部响应，综合评标得分排序第一，中标。

在该校与 A 供应商商谈合作细节时，需要 A 供应商提供与已有多媒体系统无缝对接的方案并测试，A 供应商派出商谈的为其销售代表，对相关技术的了解有限，经过双方多次沟通，发现 A 供应商提供的产品与方案无法满足相关要求。最终 A 供应商选择退出合作，由评标得分顺序排第二的 B 供应商与学校签约并提供服务。

🔍 案例分析

（1）A 供应商的问题。①以最低价因素中标，利润很低，不排除因对 B 供应商存有敌意而故意压价。②只考虑了自身的成本因素，未能对在合作中可能产生的调试兼容等费用进行深入了解，造成较大压力。③在商谈对接技术时派出的是销售代表，导致对对接技术的理解与口径未能与学校达成一致，耗费了大量宝贵时间。

（2）高校的问题。①前期调研过程中考虑简单，技术指标主要由 B 供应商协助撰写，未对一些关键指标提出要求，使得进入门槛较低。②对可能产生的设备以外的其他费用未明确说明，以致在商谈过程中对此引起争执。③由于与 A 供应商未就技术问题进行过沟通，对其以最低价竞标抱有抵触情绪，商谈中并不十分配合。

（3）B 供应商的问题。①由于与直接用户长期接触，指标又由其协助撰写，认为中标把握很大，因此没有十分认真对待本项目的投标及方案设计。②与 A 供应商曾有过激烈竞争的经历，双方分别以最低价竞得对方联系单位的标的，彼此存有一定敌意。③私下为用户出谋划策，在商谈中从技术层面的实现方式上（标书未提及）有意给 A 供应商制造商谈难度。

（4）评审专家的问题。由于价格差异过大，根据综合评标原则，只能选定 A 供应商为中标商。

（5）招标公司的问题。前期聘请的技术参数论证专家对原始技术参数及用户的实际需求了解不足，没有重视对接带来的问题，未给出合理建议。

💡 **案例启示**

（1）项目需求务必规范、具体，力求详尽科学。

（2）洽谈合作时沟通非常重要，项目技术专家一定要参与其中。

（3）投标商制订方案时一定要全面理解项目单位需求，不能一知半解，更不能有意回避问题。

（4）高校撰写项目方案时务必须博采众长，一定要避免委托某供应商撰写。

（5）招标项目一方面要做到信息公开，另一方面要形成充分竞争态势。

（6）专家要敢于坚持原则，公正行使权力，对高校负责。

（7）高校要善于接受创新方案，不能形成主观臆断，避免因主观因素造成选择偏好，从而陷入认识盲区。

案例 27

低价中标又不能满足用户需求的案例

📊 **案例描述**

某高校采购荧光定量 PCR 仪[①] 两台，标底价为 70 万元，技术指标主要由 C 供应商提供，该校以往使用过 C 供应商产品。A 供应商以 60 万元投标，全部响应，综合评标得分排序第一，中标。C 供应商也参与投标，但因其报价最高等因素，综合评价得分排序第三。

在该校直接使用单位与 A 供应商商谈细节时，发现 A 供应商虽然在投标时全部响应招标要求，但其产品实际上为全新产品，并没有真正实施成功的案例，对于用户关心的技术参数方面，也不能拿出有力的证明材料，C 供应商也多次质疑 A 供应商提供虚假产品参数。为解除直接使用单位的顾虑，A 供应商与该校签订了样机提供协议，

----

① 基因扩增仪。

承诺在中标后两周内提供样机一台供其测试、使用，以验证技术参数，然而在规定的时间内，A供应商并未能提供样机。最终经过协商，A供应商选择退出。由评标得分排序第二的B供应商签约并提供服务。

案例分析

（1）A供应商存在的问题。①所投的产品是新产品，没有真正实施成功的案例，也不能拿出证据证明其设备的技术参数，引起高校顾虑。②投标前，与直接使用单位没有接触过。③在与高校签订了提供样机协议后，又违背承诺，未提供样机。④最低价中标，利润很低，在种种不利因素下，经协商后退出。

（2）高校的问题。①前期市场调研时考察不充分，主要与C供应商进行了接触，且以往使用过C供应商的产品，技术指标主要由C供应商提供，为满足招标非排他性的要求，对指标降低要求，导致招标门槛过低。②在与评审专家沟通时，未能体现出本次招标需求的独特性，导致评审专家只能严格按照技术指标评标。③与A供应商未就技术问题进行沟通，且对其产品不了解，对其低价中标有抵触情绪。

（3）招标组织单位存在的问题。①编写招标文件时片面强调技术指标的非排他性，未提醒用户设置高标准参数以及主观性参数。②评标办法中价格的权重设置得过高，使综合评议变成了主要由价格决定。

（4）评审专家存在的问题。由于价格差异较大，主观上不愿承担责任，简单按标书评标。

（5）C供应商存在的问题。①由于与直接使用单位接触较多，技术指标又由其协助撰写，认为中标把握很大，因此没有十分认真对待本项目招标，投标时价格最高，标书编写不够认真。②在得知中标结果以后，多次质疑A供应商提供虚假产品参数，但又拿不出证据，最终A供应商退出后自己也未能中标。

案例启示

（1）在编写招标文件时，技术参数是关键，一定要博采众长，绝对不能照搬某供应商的参数。技术指标不但要满足非排他性，也要体现出学科的独特需求，设置1~2项高精尖指标，使所有供应商均只能部分满足技术指标。

（2）对于专业性较强的设备，在设置评标办法时，应当提高技术的权重，降低价格的权重。

（3）高校在前期调研时，应当避免给出明确的采购意向，以实现充分竞争。

（4）高校要尊重招标结果，善于接受新产品、新技术。

（5）供应商应当积极主动与直接使用单位接触，不能临时抱佛脚；新产品推广不能空口说白话，应当提供可供追溯的数据或者样机以打消直接使用单位疑虑。

案例 28

进口设备采购中的漏洞

📊 **案例描述**

某高校采购一套进口便携式设备，标的价为 54.8 万元。A 供应商以 48 万元投标，其技术规格偏离表中技术指标全部响应标书要求并且部分项有正偏离，但是所附产品彩页中的部分设备参数与技术规格偏离表中参数描述不符，且在标书中这部分参数前打了 ＃号或 ＊号（但标书中未规定 ＃号或 ＊号代表重点扣分项或废标项及相应扣分标准）。

该校在评标现场提出该问题，指出 A 供应商在投标文件中弄虚作假。但评审组组长（该校未出评审专家）坚持以技术规格偏离表中的描述为准，且招标文件中未规定 ＃号或 ＊号的意义，即使按照彩页部分描述扣分也只能按照普通项进行扣分；并指出如果最终设备与技术规格偏离表不符，可在签订合同及验收环节予以处理或处罚。最终 A 供应商综合评分排序第一，中标。

在学校与 A 供应商签订供货合同前，项目负责人要求其提供样机，A 供应商以各种理由搪塞。沟通中发现，A 供应商所投标产品仅能算作可拆卸移动式，与该校需要的便携式有一定差距。A 供应商提出换替代型号，但须增加金额，该校拒绝。在招标代理公司的配合下，经一个多月反复沟通，最终 A 供应商选择退出合作，由评标得分顺序第二的 B 供应商以 54 万元的价格与该校签订供货合同。

🔍 **案例分析**

（1）A 供应商存在的问题。①以价格因素中标，先抢到项目再谈后续问题。②技术规格偏离表中基本复制招标参数，所列正偏离对设备整体性能基本无关。③涉嫌虚假投标。

（2）高校存在的问题。①前期调研不充分，仅考虑了想要型号的参数，技术指标偏重于设备精度，体积等要求表述量化不全面。②按以往经验办事，只关注了技术指标，对标书商务部分审核把关不细，没有发现未对＃号或＊号的意义进行说明。

（3）招标代理公司存在的问题。①项目负责人与该校合作时间较短，合作不是太默契。②制作招标文件不够认真。

（4）评审专家存在的问题。担心 A 供应商可能会质疑或投诉，在高校提出异议、可以评判 A 供应商虚假投标的情况下，只是机械地对照评分表及技术规格偏离表，未考虑评标结果后续项目执行可能给高校带来的麻烦。

💡 案例启示

（1）项目论证一定要充分、认真，不能完全由供应商制作方案。

（2）项目需求务必具体、科学，不能照搬心仪设备的指标，要把住进入门槛，在体现特色的关键指标上重点关注、细化。

（3）招标代理公司制作标书时要认真把关，给出专业建议，不能有漏项。高校在审核招标文件时，要全面、细致，对一些关键条款要把好关。

（4）招标时项目类型应尽量一致，这样抽取评审专家针对性会更强些，避免出现不同类型项目一起评审时只能由个别专家说了算的情况。

（5）评审专家要精通专业相关法规，坚持原则，不能怕引起麻烦而成为盯着评分表和技术规格偏离表的打分机器，要真正具备所在行业的专业素质。

（6）标书中要求提供的设备说明书、产品彩页以及权威网站上产品指标及参数，是仅供参考，还是作为评分依据，值得商榷。

案例 29

某高校采购紫外可见光谱仪及配件的案例

📊 案例描述

某高校设备采购管理部门根据用户老师需求，采购一套紫外可见光谱仪及配件。标的价为 25.5 万元，其中，技术参数由 B 供应商协助撰写，B 供应商与该校有着长期合作关系。A 供应商以 15.6 万元投标，全部响应，综合评标得分排名第一，中标。B 供应商也参与了投标，但因其投标价格略高于市场价而处于劣势，未中标。

中标结果公示后，参与投标的 B 供应商对结果存有异议，认为 A 供应商无法提供质量技术监督局颁发的计量器具型式批准证书，因而质疑其合理性。经采购管理人员谨慎调查，以及和质量技术监督局反复沟通后认定，A 供应商确实存在虚假投标的问题，情况属实。

最终此项目经专家复核判定废标，重新招标。

案例分析

（1）A 供应商存在的问题。①故意恶性竞争，为争取市场压低利润是对的，但是为获得标的而提供虚假信息是不当行为。②在投标之前没有与用户充分沟通，未充分了解用户需求。

（2）B 供应商存在的问题。①由于与用户有着长期合作关系，技术参数也是其协助撰写，认为中标有十足把握，因而未能认真对待本项目投标以及方案设计。②由于招标公布预算，再加上对中标信心十足，因而投标价格略高于市场价，导致在评标过程中价格劣势明显。

（3）高校存在的问题。①前期调研不充分，对技术参数以及市场的了解主要是通过 B 供应商获得。②对计量器具型式批准证书未作出明确说明，让投标厂商钻了空子。③在评标过程中，没有向评审专家及时提出 A 供应商可能存在的问题，抱有侥幸心理。

（4）采购管理人员的问题。受特定领域水平的限制，采购中面临设备信息无法准确识别的问题，未在标书中明确要求供应商提供类似计量器具型式批准证书这样的专业证书。

（5）评审专家的问题。①被标书绑架，未考虑产品的适用性问题。②采购设备种类繁多与评审专家受特定领域限制之间的矛盾导致评审专家无法识别投标参数的真伪。

案例启示

（1）完善监管机制，遏制虚假招标投标。

（2）管理部门严把仪器设备验收关，最大限度避免用户买到虚假产品或不符合要求的产品后，又顾忌退货时间过长而耽误项目使用，最后弃货不用的现象发生。

（3）加强培训，提高采购队伍的整体素质。

（4）在以效益优先、综合评定、达到性价比最优为前提的同时，采购管理人员评审专家等还要有甄别是否为虚假投标的能力。

（5）投标项目务必坚持"三公"（公开、公正、公平）的原则。

（6）高校在撰写项目方案时，要进行广泛调研，充分了解市场。

（7）评审专家要遵守客观、公正的原则，正确行使自己的权力，对高校负责。

案例 30

某公司诉某高校拖欠货款案

案例描述

2010 年 3 月，某高校向某公司采购一批实验台，合同金额为 60 万元。该批实验台在验收过程中发现有部分产品与合同规定的材质和规格不符。该校招标采购中心代表该校要求该公司退换产品，但该校科研实验中心作为实验台直接使用部门认为实验台能够满足需求，不需要退换。该公司称部分实验台难以提供合同约定的材质，规格可以整改。经多次整改后，实验台仍然没能通过验收。2015 年 8 月，经科研实验中心与该公司沟通协商，形成了实验台不符合合同规定的补偿方案，约定由该公司减免合同价款 8 万元。补偿方案由科研实验中心负责人签字、公司盖章后交给了该校招标采购中心。该校招标采购中心认为补偿方案还需要进一步研究，此事暂时被搁置。2016 年 9 月，该公司法律顾问向该校出具了法律意见书，认为该校拖欠货款，并称如果 10 日内该校仍不支付货款将向人民法院提起诉讼。

案例分析

（1）公司的问题。①公司未按合同约定的材质和规格提供产品，应属于违约行为，是造成本案产生的根本原因。如果该公司在投标前就知道难以提供部分实验台的材质与规格仍然投标并与高校签订合同，有骗标的嫌疑。②整改过程中工作缓慢，未及时与高校就补偿方案达成一致，致使实验台已使用长达 6 年仍然没有通过验收。

（2）高校的问题。①高校对于如何解决验收中出现部分不符合合同约定产品的补偿方案问题没有明文规定，尤其是对于验收补偿方案的认定部门规定不清，致使内部采购部门与直接使用部门发生矛盾。②对验收不合格问题没有果断处置，致使该批货物验收拖延时间过长，造成了货物已实际使用长达 6 年，仍然未完成验收，合同货款也未付清。③高校直接使用部门擅自代表高校接受了公司的验收不合格的补偿方案，而且涉及金额较高（已经超过合同价款总额的 10%），致使高校处理此案件陷入被动。高校招标采购中心收到科研实验中心与该公司达成的补偿方案后亦未及时处置，导致此事项处理进一步拖延。

案例启示

（1）高校应制订明确、具备可操作性的货物验收管理办法，尤其是对货物验收环节中出现部分验收不合格的情况应该做出明确具体的规定。包括对采购部门和直接使用部门的职责划分、补偿方案的认定权限、认定程序等方面的规定需要明确、具体。

（2）高校招标采购中心对各环节包括验收环节的问题处置需要果断、及时。其实，本案例并不复杂，但因为处置不及时，拖延时间过长，致使案例的处理变得较为复杂。

（3）在货物验收中，出现部分货物不符合合同约定的情况在实践中难以完全避免，有些情形不能或是不需要一定用退换货的方式来解决，可以通过补偿方案的方式来解决，但此种方式下涉及的金额不能过高，应该限定在合同总金额的一定比例以内。

（4）如果公司明知自己难以生产部分产品仍然投标，在中标后再与高校协商补偿，这实际上属于骗标的行为，应该被追究违约责任。否则，对于其他投标人是不公平的，也会纵容市场上的骗标行为。高校招标采购中心应该通过严格的验收管理来防范不良企业的骗标行为。

案例 31

据理维权，正确处理厂家与经销商关系

案例描述

2011 年 3 月，某高校为满足机电实习基地的建设，委托招标代理机构采用公开招标的形式采购一套柔性制造系统，预算 103 万元，共有 4 家投标人参与投标，经过评标专家组评审，认为报价最低的 C 公司所投产品不能满足招标文件要求，最后 A 公司以 102.7 万元中标，所投产品为 B 厂家的产品。当年 4 月双方签订合同后，因学校场地问题未让 A 公司立即供货，当年 6 月当学校通知 A 公司可以供货时，被告知 B 厂家不给发货，不能按照投标文件承诺供货，原因是 B 厂家与 A 公司发生经济纠纷，A 公司不再是 B 厂家产品的北方总代理。A 公司提出，可以给学校提供 C 公司生产的产品，该产品也能够满足学校教学实验要求。学校认为评标专家组已经认定 C 公司所投产品不能满足招标文件要求，且投标报价有一定的差距，因此不同意更换货物的品牌与型号，并督促 A 公司尽快与 B 厂家沟通解决问题。最后为使所购设备能在开学前按时到货，不影响该校正常的教学活动，该校多次邀请 A 公司与 B 厂家协商。最后，A 公司在 9 月 1 日前按照投标文件供完所有的货物，未影响正常的教学活动。

案例分析

（1）A 公司的问题。①没有很好地履行合同义务，备货不及时。②项目实施过程中未及时与校方沟通进程，存在问题应尽早沟通，此案例为校方主动提出供货才发现问题。③未能处理好与厂家的关系。

（2）高校的问题。①前期调研过程中考虑简单，未能调研多家厂商的产品，招标文件技术参数不够完善。②高校对项目实施情况预见性不足，致使未能及时提供供货场地，中标公司没有及时供货。③高校项目负责人在前期调研过程中在考虑产品技术性能方面的同时也应对厂家、分销商的情况有所了解。

（3）B 厂家的问题。①不能很好地处理与分销商的关系。②既然已经授权给 A 公司在本项目中投标其产品，就应该履行义务，及时给校方供货。③关于与代理商利润分成问题，应在授权前与代理商签订相应的协议合同，不能因为与分销商的矛盾而影响校方利益，使校方对 B 厂家产生不良印象。

案例启示

（1）项目需求务必规范、具体，力求详尽、科学。

（2）为确保项目顺利实施，高校应在付款方式方面充分考虑，避免资金损失。

2.1.6　采购供应商管理案例

案例 32

做好协议采购供应商遴选，提升采购效率

案例描述

2017 年上半年，某高校新组建的某个学院需要对环境及设备进行更新改造。因采购时间紧急，且为了能够挑选到性价比合适的供应商，最终决定在符合政府采购相关法律法规的前提下，在已经入围的协议采购供应商中进行公开遴选。同时，根据本项目所采购的产品类型，将遴选分为6个包，委托采购代理机构，通过在校园网发布遴选公告的方式，进行公开遴选。遴选当天，各包均有3家以上的供应商递交了响应文件。

评审采用综合评分法，报价方式为协议采购标准价格的折扣率报价，评审阶段采用先初步评审再详细评审的方式，各包综合得分最高者作为本项目的预成交供应商。

初步评审阶段，遴选小组发现某供应商在报价函中提出了免费赠送相应产品的说明。经过讨论后，遴选小组以该供应商违反《中华人民共和国政府采购法实施条例》（以下简称实施条例）第十一条中"……采购人不得向供应商索要或者接受其给予的赠品、回扣或者与采购无关的其他商品、服务"为由，将其响应文件做无效处理。

本次遴选文件规定：业绩分满分10分，各供应商每提供一份同类项目业绩合同复印件得2分，不提供不得分。评审过程中，遴选小组有专家对某供应商的业绩数量得分与其他专家持不同看法，最终由遴选小组举手表决，以少数服从多数的原则确定了该供应商的业绩数量得分。

经过评审，最终各包均由遴选小组推选出了相关预成交供应商，且各预成交供应商的报价均较直接协议采购有5%~15%的下浮，高校采购管理部门也对各供应商的情况进行了登记，以便后期查询。

案例分析

（1）协议采购供应商的选择方式。本项目中，对入围协议采购的供应商进行遴选，能够从企业实力、合作积极性、产品的供应等很多方面更加充分地掌握供应商的情况，保证了采购质量。

（2）响应文件报价。在协议采购标准价格的基础上，采取折扣率报价，使得最终成交供应商的报价较直接选择供应商有一定优惠，节约了采购资金。

（3）邀请供应商的方式。邀请潜在供应商参与本次遴选采用发布公告的方式，保障了本次遴选具有充分的竞争，优中选优，也为今后的协议采购供应商选择提供了参考。

（4）合理分包。根据采购产品的种类等进行合理的分包，确保了各个包均有较多供应商能够独立承担，提升了供应商积极参与遴选的意愿，增强了竞争性。

（5）赠送产品的问题。在实施条例出台之前，很多采购人、供应商对于不应要求和接受供应商"给予的赠品、回扣或者与采购无关的其他商品、服务"的主体认为只是个人，随着实施条例的颁布实施，已经明确采购人不得以单位的名义接受或要求赠送。公开遴选作为一种严肃的采购方式，更应当严格执行规定。如果视而不见，不仅违反了实施条例，还将导致后期合同签署、资产登记等一系列问题。因此，遴选小组对该供应商做出的处理合理。

（6）客观分不一致的问题。《关于进一步规范政府采购评审工作有关问题的通知》规定，"评审结果汇总完成后，采购人、采购代理机构和评审委员会均不得修改评审结果或者要求重新评审，但资格性检查认定错误、分值汇总计算错误、分项评分超出评分标准范围、客观分评分不一致、经评审委员会一致认定评分畸高、畸低的情形除外"，言外之意客观分评分必须一致，否则就要重新评审。根据本次遴选文件对业绩得分的描述，就是每提供一份同类项目业绩合同复印件得2分，不应存在因为主观判断的不同导致分数不一致的情况，可以确定业绩得分属于客观分，因此遴选小组必须对业绩得分达成一致意见。最终遴选小组采取举手表决的方式，也符合《关于进一步规范政府采购评审工作有关问题的通知》的规定，"评审委员会成员要依法独立评审，并对评审意见承担个人责任。评审委员会成员对需要共同认定的事项存在争议的，按照少数服从多数的原则做出结论。持不同意见的评审委员会成员应当在评审报告上签署不同意见并说明理由，否则视为同意"，程序执行无误。

（7）对遴选结果的如实记录，确保了本次遴选不是"一次性"工作，也为今后同类项目的协议采购供应商选择提供了参考。

案例启示

（1）无论是招标、谈判或遴选，在条件满足的情况下，均应采用公开的方式进行采购，这不仅保障了供应商公平参与竞争的权益，也因为充分竞争保障了采购人的权益。

（2）供应商一定要及时掌握政府采购的相关法律法规，以优质的产品/服务及合理的价格取胜，严格执行政府采购的要求，不应把精力放在"赠送"等违反条例的行为上。

2.1.7 采购投诉案例

案例 33

招标采购质疑处置

📊 **案例描述**

2014 年 5 月 29 日，某高校委托某招标代理公司对学校校园监控系统更新改造项目进行公开招标，该项目拟在假期施工，项目执行周期要求比较严格。该项目预算为 900 万元，前期进展比较迅速，顺利进入开标程序，共有 4 家公司参与竞标，其中最高投标报价为 899.3282 万元，最低投标报价为 A 公司所投 380 万元。进入评标程序后，评标专家提出 A 公司所报价格明显偏离市场价格，设备清单漏项、项目方案设计过于简单，技术无法有效响应标书。但对于是否取消其投标资格，评标委员会没有形成统一意见。经过评标委员会对所有投标人所报货物的商务、价格、技术、售后服务及业绩等项目进行综合评定并独立打分，确定 B 公司中标。

在发布中标公告后，2014 年 5 月 30 日，A 公司质疑该评标结果，并向招标代理公司针对评标环节及评分依据提出问询，招标代理公司第一时间将相关内容反馈给高校。遵照相关法律法规，招标代理公司对该质疑进行回复，将评标过程中的打分依据明确列出，包括商务、技术等问题，具体内容细化到标书的页码及编号，并对照招标书中的评分办法予以解释。

2014 年 6 月 5 日，A 公司对招标代理公司的答复予以回复，承认存在答复中明确指出的问题，包括在商务方面的"业绩、页码标注等"确实存在瑕疵，但在技术响应方面不存在重大缺陷和遗漏，即招标公司答复中提及的问题全部承认，但不认为是重大缺陷和遗漏，并指出专家在评标上不注重"实质性响应"而在不必要的"细枝末节"上过于关注，此次回复 A 公司代表措辞十分尖锐。

鉴于此情况，招标代理公司立即组织评标委员会进行复核，对于 A 公司所提的问题逐条审阅，评标专家一致推荐维持原结果，对于 A 公司的质疑不予受理。同时由于该项目施工期限紧张，高校正式介入，绕过 A 公司投标代表，直接联系 A 公司管理层，并将整个事情过程及评标情况与其做了交流，并将相关材料转交 A 公司管理层，最终 A 公司不再进行投诉。

案例分析

遵照招标投标法相关规定，投标人和其他利害关系人认为招标投标活动不符合招标投标法规定的，有权向招标人提出异议或依法向有关行政监督部门投诉。近些年国家对教育的投入不断增加，高校招标采购工作任务日益加重，与社会企业交易活动逐渐频繁，针对高校招标项目的质疑和投诉处置，成为高校采购管理工作不可回避的问题。

案例启示

（1）严格执行招标流程，该项目由招标代理公司组织招标，完全遵照招标投标法及其实施条例等相关规定严格执行，开标、评标程序公开透明，同时根据高校实际需要，招标文件编制完整，在 A 公司两次质疑中均未提及招标程序本身及招标文件，也从侧面反映整个招标程序的严谨和公正，一切以法律规定为基础。一旦项目操作失败引发投诉，将是不可挽回的重大失误。

（2）严格遵守保密条例，根据招标投标法及其实施条例相关内容，与评标相关的内容（包括评标委员会名单、投标人情况等）应当保密，评标相关参与者必须遵守职业道德，谨言慎行，保证招标投标工作顺利开展的同时，也避免了评标结束后出现严重的质疑或投诉。该项目整个评审环节，保密工作完善，A 公司质疑的出发点都限于本公司投标的相关内容，第二次质疑更是在招标代理公司回复的基础上提出的，只是单纯地否定并无依据。

（3）良好沟通，积极配合。在所有招标投诉质疑中，投标人具有双向质疑的权利，既可以质疑招标组织者，也可向相关行政监督部门投诉。招标过程中出现质疑情况，沟通交流是必不可少的解决途径。通过开诚布公的交流，化解投标人的质疑，可以最大限度地减少负面影响，避免问题的进一步扩大，力争在可控范围内解决问题。该项目后期正是由于校方介入，直接联系 A 公司管理层，将该事件转化为公对公的正式沟通，以公开的态度应对质疑，并将现有材料全盘托出，对有效解决该项目质疑起到重要作用。由于公开的态度和积极配合，避免了因具体负责人的情绪化而造成事态进一步扩大，进而拖延整个项目的执行进度。

案例 34

恶意竞标，质疑投诉应有理有据

案例描述

2013 年，某高校为满足实验楼和图书馆楼高层供水问题，委托招标代理机构（某招标代理公司）采用公开招标的形式采购一批无负压管网增压稳流给水设备，预算金额为 285 万元。鉴于以前该校采购的给水设备出现给水罐开裂、稳压罐炸裂等严重质量问题，同时考虑到所购设备均用于高层教学办公大楼，涉及多个教学科研部门，关系到数千名师生员工的日常生活，为确保买到高质量的给水设备，采购人在招标文件要求所投产品必须提供压力容器制造许可证、符合国家标准的检测报告和省级以上卫生部门颁发的卫生许可批文，同时安排潜在投标人集中到现场踏勘及答疑，但现场踏勘时，并未详细介绍该校需求。经专家对招标文件进行技术参数论证后，招标代理机构发出招标公告，公示期间，A 公司（该公司为该校正在使用存在质量问题给水设备的供货公司）质疑该结果并投诉至财政局，认为招标文件中要求提供压力容器制造许可证存在排他性，要求提供技术参数论证专家名单，同时多次到该校相关部门反映并扬言非其中标不可，该校对其持抵触态度。招标代理机构按照财政局要求对提供论证专家名单的要求予以拒绝，再次组织技术专家对招标文件的技术参数进行论证，同时对学校提供的正在使用的给水设备使用现状及维修相关资料进行查看，进一步调研了当前市场相关产品，认定此款无排他性，A 公司最后未再提出异议。因有效投标人不足 3 家，经 3 次公开招标后，最后 B 公司以 277.97 万元中标。

案例分析

（1）A 公司的问题。①未在现场答疑过程中充分了解高校的需求，如此次采购的给水设备并非用于低层建筑，对产品质量要求高，需要完成一些配套设施的改造等。②仅试图通过质疑、威胁等手段来获得竞标资格。③公司未把主要精力放在提高产品质量和服务上。

（2）高校的问题。①以前采购给水设备时调研不充分，技术参数写得过于简单、粗糙，致使不合格的产品及公司以低价中标，造成后续出现使用和维护问题。②现场踏勘时，相关部门在给前来踏勘的潜在投标人介绍得不够详细，认为潜在投标人通过招标文件已全面了解需求，一些配套改造工程未全面介绍。③在与 A 公司沟通时，由于对其以前提供的产品不认可，以及其到高校相关部门反映问题的方式及态度等存在抵触情绪，商谈中并不十分合作。

案例启示

（1）项目需求务必规范、具体，力求详尽科学。

（2）高校在招标文件上可以要求中标公司提交一定金额的履约保证金，以确保项目按时保质保量完成，在一定程度上避免恶性竞标。

（3）公司应将主要精力用于提高产品质量，提升服务水平，不能仅通过低价恶性竞标等不良手段来获取订单。

（4）高校撰写项目方案时务必博采众长，方案一定避免完全委托某供应商。

（5）采购方应该坚持原则，切实维护自身的权益，对于恶意质疑投诉的潜在投标人应做到有理有据，以避免货物后期使用维护过程中的系列麻烦。

（6）采购方应建立相应供货公司考核制度，并将仪器设备使用维修的记录留存，以便供评审专家参考。

（7）招标代理机构在论证参数环节一定要请真正的行业技术专家对技术参数进行论证，行业技术专家不仅对技术精通，可能对产品市场情况也较了解。

案例 35

D 大学附属中学智慧校园软件平台采购项目举报案

案例描述

采购人 D 大学委托代理机构 Z 公司就 D 大学附属中学智慧校园软件平台采购项目（以下称本项目）进行公开招标。2017 年 6 月 26 日，代理机构 Z 公司发布招标公告，后组织了开标、评标工作。7 月 6 日，代理机构 Z 公司发布中标公告，F 公司为中标供应商。

9 月 21 日，财政部收到关于本项目的举报材料。举报人反映：①本项目未从政府采购评审专家库中抽取评审专家，评审主体不适格。②评审委员会认定 X 公司投标报价低于成本价没有依据。

财政部依法启动监督检查程序，并向相关当事人调取证据材料。

采购人 D 大学和代理机构 Z 公司称：①中央高校、科研院所采购科研仪器设备的，可在政府采购评审专家库外自行选择评审专家。②关于 X 公司报价问题，评审委员会经对 X 公司进行现场询问，X 公司未就其报价低于成本价作出合理解释，评审委员会认定 X 公司投标无效。

经核实，《D 大学招标采购评审专家随机抽选结果表单》中"抽选方法及原则"要求，"根据《中华人民共和国招标投标法》及其实施条例、《中华人民共和国政府采购法》及其实施条例，以及财政部《政府采购评审专家管理办法》《D 大学招标与采购特邀监察员制度暂行办法》等法律法规和规章制度的有关规定，由采购单位或采购代理机构的经办人，在有关部门的监督下，从招投标评审专家库和特邀监察员库中随机抽取，按拟定专家评委和特邀监察员人数，多抽取一定数量作为备选，并按先后顺序排列递补。"

本项目未见政府采购评审专家库评审专家抽取记录。

案例分析

（1）处理理由。关于举报人反映的问题①，本项目采购内容为 D 大学附属中学的智慧校园软件平台，不属于《关于完善中央单位政府采购预算管理和中央高校、科研院所科研仪器设备采购管理有关事项的通知》规定的"中央高校、科研院所科研仪器设备采购"的情形。本项目未从政府采购评审专家库中抽取评审专家，违反了《中华人民共和国政府采购法实施条例》第三十九条和《政府采购货物和服务招标投标管理办法》第四十八条的规定。

关于举报人反映的问题②，鉴于本项目评审专家抽取不合法，其评审意见无效，财政部不再进行审查。

（2）处理结果。

①根据《中华人民共和国政府采购法实施条例》第三十九条、《政府采购货物和服务招标投标管理办法》第四十八条及《关于完善中央单位政府采购预算管理和中央高校、科研院所科研仪器设备采购管理有关事项的通知》的规定，本项目评审专家抽取不合法。

鉴于本项目评审专家抽取不合法，其评审意见无效。财政部不再对举报人反映的价格评审问题进行审查。根据《中华人民共和国政府采购法》第三十六条的规定，责令采购人废标。

根据《中华人民共和国政府采购法》第七十一条及《中华人民共和国政府采购法实施条例》第六十八条第（五）项的规定，责令采购人 D 大学和代理机构 Z 公司限期改正。

②在行政处罚阶段，财政部向采购人 D 大学和代理机构 Z 公司送达行政处罚事项告知书，告知其存在"未依法从政府采购评审专家库中抽取评审专家"的情形。采购人 D 大学申辩称，本项目采购的产品为非办公类仪器设备，主要用于教学与研究，因此其按照《关于完善中央单位政府采购预算管理和中央高校、科研院所科研仪器设备采购管理有关事项的通知》的规定实施采购。同时，采购人 D 大学及时暂停项目，没有造成实际危害后果。

关于采购人 D 大学的申辩理由，财政部认为，本项目采购内容不属于科研仪器设备范畴，且实际上也不是由采购人 D 大学使用，而是由其附属中学使用，因此本项目不属于《关于完善中央单位政府采购预算管理和中央高校、科研院所科研仪器设备采购管理有关事项的通知》规定的"中央高校、科研院所科研仪器设备采购"的情形。同时，拟作出的处罚幅度较轻，并无不合理之处。

根据《中华人民共和国政府采购法》第七十一条及《中华人民共和国政府采购法实施条例》第六十八条第（五）项的规定，对采购人 D 大学和代理机构 Z 公司分别作出了警告的行政处罚。

相关当事人在法定期限内未就处理处罚决定申请行政复议、提起行政诉讼。

（3）相关依据。《中华人民共和国政府采购法》第三十六条、第七十一条；《中华人民共和国政府采购法实施条例》第三十九条、第六十八条；《政府采购货物和服务招标投标管理办法》第四十八条；《关于完善中央单位政府采购预算管理和中央高校、科研院所科研仪器设备采购管理有关事项的通知》。

案例启示

高校、科研院所采购科研仪器设备，应严格执行相关政策规定，不应做扩大化适用。

对于评审专家抽取不合法的，其评审意见无效。财政部门可以不再对相关事项进行审查。

案例36

D大学校园网基础设施改造更新工程项目举报案

📊 **案例描述**

采购人D大学就D大学校园网基础设施改造更新工程项目（以下称本项目）进行公开招标。2017年6月30日，采购人D大学发布招标公告，后组织了开标、评标工作。同日，采购人D大学发布中标公告，B公司为中标供应商。

9月12日，财政部收到采购人D大学的举报材料。采购人D大学反映：①招标文件关于"交换机生产厂商通过CMMI[①]4级（或以上）国内认证且时间不少于3年"的评分设置不合理。②个别评审专家涉嫌未按招标文件规定的评审方法和评审标准独立评审，部分评审专家涉嫌泄露评审细节。③相关供应商C公司与M公司在采购人D大学供应商库中注册时所留邮箱相同，且M公司投标文件内容简单，投标产品技术参数与其官网技术参数不一致，C公司和M公司涉嫌恶意串通。

财政部依法启动监督检查程序，并向相关当事人调取证据材料。

C公司称：①其与M公司无任何业务往来。负责本次投标事宜的员工私自委托第三方完成供应商入库注册，未得到C公司授权。②其完全按招标文件要求的格式编制投标文件。

M公司称：①其与C公司无任何业务往来。②M公司员工委托熟人办理供应商入库注册，该员工不知道该熟人是否与其他供应商有联系。

经查，本项目招标公告要求"潜在供应商须在采购人D大学采购信息网'供应商入口'注册、审核通过后，方可参加本项目"，并要求"将以下资料扫描件在本项目报名截止前发送至指定邮箱办理入库手续：①企业法人营业执照副本；②公司法定代表人身份证复印件（加盖供应商公章）；③开户许可证；④近三个月的纳税证明材料；⑤最近三个月缴纳社会保障金凭证"。

本项目招标文件"评分标准"中"制造厂商能力"要求，"交换机生产厂家在国内具有成熟的软件开发能力，通过CMMI4级（或以上）认证以保障投标产品代码质量与稳定性，要求为国内认证（由国内CMMI认证组织或企业颁发），且获得时间不少

---

① 全称为能力成熟度模型集成。

于 3 年，提供证书复印件并加盖厂商投标专用授权章的得 100 分，如无则不得分"，权重为 "5%"。

经查询采购人 D 大学供应商库，C 公司与 M 公司注册信息中的电子邮箱相同。

招标文件"评分标准"中"评分说明"要求，"若评审委员会组成为 7 人或 7 人以上时，去掉 1 个最高分和 1 个最低分后的平均分，即为该投标人综合得分"。

案例分析

（1）处理理由。

关于采购人 D 大学反映的问题①，招标文件要求"交换机生产厂商通过 CMMI4 级（或以上）国内认证且时间不少于 3 年"的评分设置要求过高，与国家扶持中小企业政策不符。

关于采购人 D 大学反映的问题②，未发现评审专家打分存在畸高畸低情形，也未发现评审专家存在未按招标文件规定的评审程序、评审方法和评审标准进行独立评审的情形，且现有证据不足以证明评审专家存在泄露评审细节的情形。

关于采购人 D 大学反映的问题③，仅依据 C 公司、M 公司注册邮箱相同及 M 公司投标文件所列技术参数与其官网技术参数不一致，不能认定存在恶意串通的情形。同时，经查阅 C 公司与 M 公司的投标文件，未发现存在恶意串通的情形。

此外，本项目还存在以下两个问题：一是要求潜在供应商须在采购人 D 大学采购信息网注册、审核通过后，才能购买招标文件，且要求供应商办理入库注册必须提供社保缴纳证明等材料，属于《中华人民共和国政府采购法实施条例》第二十条第（八）项规定的"以其他不合理条件限制或者排斥潜在供应商"的情形，构成以不合理的条件对供应商实行差别待遇或者歧视待遇，违反了《中华人民共和国政府采购法》第二十二条的规定。二是招标文件要求"若评审委员会组成为 7 人或 7 人以上时，去掉 1 个最高分和 1 个最低分后的平均分，即为该投标人综合得分"，违反了《政府采购货物和服务招标投标管理办法》第五十二条的规定。

（2）处理结果。

①根据《中华人民共和国政府采购法》第二十二条第二款、《中华人民共和国采购法实施条例》第二十条第（八）项的规定，本项目存在"以不合理的条件对供应商实行差别待遇或者歧视待遇"的情形。

采购人 D 大学反映的其他问题缺乏事实依据。

鉴于本项目采购活动中出现了影响采购公正的违法违规行为，根据《中华人民共和国政府采购法》第三十六条第一款第（二）项的规定，责令采购人废标。

根据《中华人民共和国政府采购法》第七十一条第（三）项、《政府采购货物和服务招标投标管理办法》第五十二条的规定，责令采购人 D 大学限期改正。

②在行政处罚阶段，财政部向采购人 D 大学送达行政处罚事项告知书，告知其存在"以不合理的条件对供应商实行差别待遇或者歧视待遇"的情形。采购人 D 大学申辩称，其要求供应商在注册入库时提交"开户许可证、近三个月纳税证明材料、最近三个月缴纳社会保障金凭证"等材料，符合《中华人民共和国政府采购法》第二十二条、《中华人民共和国政府采购法实施条例》第十七条的规定，不存在以不合理的条件对供应商实行差别待遇或者歧视待遇。

关于采购人 D 大学的申辩理由，财政部认为，采购人可以对供应商进行资格审查，但是应当按照法定条件和程序进行，不应前置到报名阶段。

根据《中华人民共和国政府采购法》第七十一条第（三）项的规定，对采购人 D 大学作出了警告的行政处罚。

相关当事人在法定期限内未就处理处罚决定申请行政复议、提起行政诉讼。

（3）相关依据。《中华人民共和国政府采购法》第二十二条、第三十六条、第七十一条；《中华人民共和国政府采购法实施条例》第十七条、第二十条、第七十四条；《政府采购货物和服务招标投标管理办法》第五十二条。

💡 案例启示

（1）采购人可以根据采购项目的特殊要求规定供应商的特定条件，但不得将供应商经营年限作为评审因素。

（2）采购人、采购代理机构应当在资格审查阶段对供应商的资格条件进行审查，不得通过设置供应商库等形式进行前置审查。

（3）除法律法规明确规定的恶意串通情形外，财政部门可以依据合理怀疑进行调查，在仅有间接证据且不能形成证据链条的情况下，不应认定为恶意串通。

（4）评审委员会各成员的评分具有法律效力，采用综合评分法进行评审的，应当保留各成员的评分，不得采用类似"去掉最高分和最低分"等方法计算得分。

案例 37

J大学T校区车辆识别系统项目投诉案

案例描述

采购人J大学委托代理机构D公司就J大学T校区车辆识别系统项目（以下称本项目）进行公开招标。2018年9月4日，代理机构D公司发布招标公告。9月7日，供应商X公司质疑其结果。9月18日，代理机构D公司答复质疑，修改招标文件并发布变更公告。10月11日，本项目开标。10月17日，本项目评标。10月18日，代理机构D公司发布中标公告，供应商C公司为中标供应商。

10月15日，供应商X公司向财政部提起投诉。投诉事项：①招标文件缺少验收标准，违反了《政府采购货物和服务招标投标管理办法》第十一条、第二十条的规定。②招标文件要求与"车辆进校证管理平台""T校区北门车牌识别系统"和"W校园一卡通"进行对接，但未公布上述系统的相关信息，供应商无法响应。

财政部依法受理本案，并向相关当事人调取证据材料。

采购人J大学称：供应商X公司曲解招标文件含义，投诉事项缺乏事实依据。本项目尚未签订政府采购合同。

代理机构D公司称：①招标文件"第四章招标需求""第七章合同格式"均对"验收标准"作出了明确规定。同时，采购设备清单包括设备名称、数量和技术要求。②本项目采购的车辆识别系统、限非摆闸系统已是市场成熟产品，完成平台对接是本项目基本要求，无须做特别的解释和说明。

经查，招标文件"第四章招标需求"中"七、项目质量标准与验收要求"显示，"1.投标人完成本项目应达到的质量标准应符合国家、地方及相关政府管理部门和行业与本项目有关的各项技术标准、规范要求，并满足采购人实际需求，标准、规范等不一致的，以要求高（严格）的为准。2.本项目验收将由采购人组织进行或委托第三方进行。3.本项目连续2次验收未获通过，采购人有权解除合同并按照合同约定的违约条款处理"。"第七章合同格式"中"第五条验收（若需要可另附验收协议）"显示，"验收应包含但不限于以下内容：（1）一次开箱合格率100%，开箱检验时双方皆应派员参加；（2）设备的数量、品牌、型号（规格）、主要技术参数与购销清单一致；（3）设备运行测试的技术性能及功能目标等与采购要求的一致；（4）质量合格证书、保修证书、产品使用说明书等其他应当随箱的技术资料完整"。"附件"中"四、项目概述及总体要求"的序号 1 内容为"J 大学现有一套车辆进校证管理平台，对所有进入校区的车辆进行审核登记管理。T 校区车辆识别系统安装好以后，车辆进校证管理平台里面已授权车辆信息应能实时同步自动下发到该车辆识别系统，确保车辆进校证管理平台授权的车辆能自由进出 T 校区各个校门。此类车辆无须再单独到车辆识别系统进行授权"。序号 2 内容为"与现有 T 校区北门车牌识别系统兼容的目标及要求：T 校区北门于 2017 年安装 2 进 2 出识别系统，目前收费和运营状态良好。安装车辆识别系统后，所有正门或者西门出入的临时收费车辆，能从北门通行并进行收费。反之，从北门进入校区的临时车辆，亦能从西门或者正门通行并正常收费。确保整个校区的车辆各个大门自由通行及计时计费"。序号 3 内容为"与 W 校园一卡通对接：限非摆闸系统能自动实时从 W 校园一卡通平台获取经授权的所有持校园卡的人员的卡片信息，自动同步授权给新安装限非门禁系统，确保持有校园卡的人员能刷卡顺利通过摆闸。无须人工进行更新和授权"。

案例分析

（1）处理理由。

关于投诉事项①，采购人可以结合实际需求设定相关要求。本项目招标文件"第四章招标需求"及"第七章合同格式"均对验收标准作出了要求。

关于投诉事项②，本项目采购的车辆识别系统、限非摆闸系统需与现有系统对接，供应商需了解现有系统接口的具体要求，并根据接口工作量评估相关费用。本项目招标文件并未明确现有系统接口的具体信息，违反了《政府采购货物和服务招标投标管理办法》第十一条、第二十条的规定。

（2）处理结果。

根据《政府采购质疑和投诉办法》第二十九条第（二）项的规定，投诉事项①缺乏事实依据。

根据《政府采购货物和服务招标投标管理办法》第十一条、第二十条，《政府采购质疑和投诉办法》第三十一条第（二）项的规定，投诉事项②成立，认定中标结果无效，责令重新开展采购活动。

根据《政府采购货物和服务招标投标管理办法》第七十七条第（一）项的规定，责令采购人 J 大学就采购需求编制问题限期改正。

相关当事人在法定期限内未就处理决定申请行政复议、提起行政诉讼。

（3）相关依据。《中华人民共和国政府采购法》第二十二条、第二十六条至第三十二条；《中华人民共和国政府采购法实施条例》第十一条、第十三条、第十五条、第二十条；《政府采购货物和服务招标投标管理办法》第十一条、第二十条、第五十五条、第七十七条；《政府采购质疑和投诉办法》第二十九条、第三十一条。

💡 案例启示

（1）采购人应当按照预算支出标准和保障公共服务职能的原则，根据采购项目需求特点确定适合的采购方式。采购需求难以客观量化、技术规格难以具体明确的采购项目，应当通过竞争性磋商、竞争性谈判等方式采购。

（2）采购人应当在目标性需求基础上形成具体的功能性需求，并进一步细化为技术需求，确保采购需求完整、明确，以便供应商进行响应并报价。

案例 38

C 大学游泳馆泳池设备采购项目投诉案

📊 案例描述

采购人 C 大学委托代理机构 G 公司就 C 大学游泳馆泳池设备采购项目（以下称本项目）进行公开招标。2019 年 4 月 10 日，代理机构 G 公司发布招标公告。4 月 15 日，供应商 N 公司质疑该结果。4 月 19 日，代理机构 G 公司答复质疑。

5 月 17 日，供应商 N 公司向财政部提起投诉，投诉事项：①本项目采用综合评分法，价格分采用合理低价法，未采用低价优先法计算，违反了《政府采购货物和服务招标投标管理办法》第五十五条的规定。②招标文件要求供应商按照"货物采购清单"中的品牌等进行报价，指定特定品牌（共 75 种设备，每种设备指定 3 种品牌），属于"以不合理的条件对供应商实行差别待遇或者歧视待遇"的情形。③招标文件将"投标人进入'信用中国'守信红名单"作为评审因素，属于"以不合理的条件对供应商实行差别待遇或者歧视待遇"的情形。

财政部依法受理本案，并向相关当事人调取证据材料。

采购人 C 大学、代理机构 G 公司称：①本项目参照《J 省房屋建筑和市政基础设施工程货物招标评标办法（试行）》执行，价格分未采用低价优先法计算。②采购人 C

大学已主动暂停采购活动，同时组织专家论证，拟将招标文件中"'货物采购清单'中的品牌"修改为"'货物采购清单'中品牌的同档次及以上品牌"。③供应商进入"信用中国"守信红名单是诚信履约的重要指标，拟降低相应分值。

经查，招标文件"第二章招标书"中"三、评标办法"显示，"（一）本项目按照综合评分法评标"，评审项目"投标报价"的评审细则为"价格分采用合理低价法，以有效投标文件的评标价算术平均值为 A（当有效投标文件 ≥ 7 家时，去掉最高和最低后进行平均）；招标控制价为 B，则：评标基准价 $= A \times K1 \times Q1 + B \times K2 \times Q2$""$Q2 = 1 - Q1$，$Q1$ 取值范围为 65%～85%；$K1$ 的取值范围为 95%～98%；$Q1$、$K1$ 值在开标时由招标人随机抽取确定。$K2$ 由招标人在招标文件中明确""投标价等于评标基准价的得满分，每高于基准价 1% 扣 0.9 分，每低于基准价 1% 扣 0.6 分。偏离不足 1% 的，按照插入法计算得分"。评审项目"企业综合能力"的评审细则为"1.投标人进入'信用中国'守信红名单，一次得 2 分，最多得 4 分（提供网站彩色截图）"。"第四章招标技术规格及要求"中注释显示，"3.投标人须按附件中招标货物清单的技术要求、数量及品牌进行报价"。"第五章货物采购清单"中关于各具体设备的"品牌"栏均列明 3 种不同品牌，如"德高、雷帝、汉高""爱克、喜活、美人鱼"等。

国家公共信用信息中心回函表示，"信用中国"网站公示的是有关部门认定的守信联合激励对象名单，简称"红名单"。相关信息包括海关高级认证企业名单、纳税信用 A 级纳税人名单等，分别由海关总署、税务总局等部门提供。

案例分析

（1）处理理由。

关于投诉事项①，本项目采购游泳馆泳池设备及相关服务，应按照《中华人民共和国政府采购法》及《政府采购货物和服务招标投标管理办法》等相关规定执行。招标文件评审细则中价格分未采用低价优先法计算，违反了《政府采购货物和服务招标投标管理办法》第五十五条的规定。

关于投诉事项②，本项目招标文件"货物采购清单"中列明了 75 种设备，每种设备均指定 3 种品牌，并要求投标人按照所列品牌进行报价。上述行为属于《中华人民共和国政府采购法实施条例》第二十条第（六）项规定的"限定或指定特定的专利、商标、品牌或者供应商"的情形，违反了《中华人民共和国政府采购法》第二十二条的规定。

关于投诉事项③，将"信用中国"守信红名单作为评审因素没有相关法律法规依据，且名单中包含纳税信用 A 级纳税人等相关信息，与供应商经营年限及经营范围等挂钩，与《中华人民共和国中小企业促进法》第四十条第三款、《中华人民共和国政府采购法》第二十二条的规定不符。

（2）处理结果。根据《政府采购质疑和投诉办法》第三十一条第（一）项的规定，投诉事项①、投诉事项②、投诉事项③成立，责令重新开展采购活动。

相关当事人在法定期限内未就处理决定申请行政复议、提起行政诉讼。

（3）相关依据。《中华人民共和国政府采购法》第二十二条、第七十一条；《中华人民共和国中小企业促进法》第四十条；《中华人民共和国政府采购法实施条例》第二十条；《政府采购货物和服务招标投标管理办法》第五十五条；《政府采购质疑和投诉办法》第三十一条；《政府采购促进中小企业发展暂行办法》第三条。

案例启示

（1）采购人、代理机构将相关信用记录、信用名单作为政府采购的资格条件或评审因素，与优化营商环境、促进中小企业发展的相关法规不符。

（2）采购人、代理机构可以通过减免投标保证金等方式，为符合条件的守信市场主体提供激励。但除《中华人民共和国政府采购法》第二十二条规定的条件外，采购人、代理机构不得将具有特定等级的信用记录、信用名单作为资格条件或评审因素，影响政府采购的公平竞争。

（3）采购人、代理机构不得通过限定或者指定特定的品牌、专利等方式，对供应商实行差别待遇或者歧视待遇。

2.2 日常管理案例

2.2.1 管理系统案例

案例 39

久其资产管理系统的基础数据规范化

案例描述

我们在资产管理中是不是常会遇到这样的尴尬？某高校使用了久其资产管理系统，

遇到了一系列问题。检索"张三"名下的资产，总是不能全部检出。原来，系统中除了有"张三"这个人，还有"*张三"、"张　三"和"张3""张叁"等，这些名字在人看起来可以认为是同一个人，而计算机却认为是不同的人。

检索全校某一类资产，发现"行政办公室"用了大量同类资产，打开资产卡片发现，这些"行政办公室"分别属于不同单位。想要准确知道它们属于哪个单位，只有通过逐条打开资产卡片来判断。

盘点时，想找到某台设备，发现其存放地点是部门名称，而这个部门在两个校区至少两栋楼中都有房子，设备到底去哪儿找？

领导需要某个经费项目形成的固定资产数据。检索时发现项目经费一栏空白，无法统计出想要的数据。

该校盘点时发现一项资产信息存在错误，资产卡片的"制单人"是"某某学院"，"制单日期"是 2010 年 7 月。当时正是资产管理员工作交接之际，谁登记的这条资产？错误原因是什么？谁都说不清楚。

这些困扰归纳一下，大概有以下几类。

（1）领用人姓名使用错别字或无意义的字符，导致无法准确检索个人名下的全部资产。

（2）系统导出的使用部门名称仅包括末级单位名称，由于没有包含其所属的院系、单位名称或简称，造成大量同名的末级部门，难以判断其归属的学院。

（3）存放地点简单地以使用部门名称替代，无法通过资产信息确定设备使用和存放的准确位置。

（4）项目经费信息不完整，无法检索某个经费形成的资产及其分布情况。

（5）制单人姓名以单位名称代替，容易造成管理员账号、密码的随意使用，更难以与当事人核实有关情况，甚至追究责任。

🔍 案例分析

（1）原因分析。上述问题的出现，分析起来主要有以下原因。

①基础数据录入未规范化管理。领用人姓名、存放地点名称等字段没有限制"."、"*"和"空格"等无意义字符的使用。项目经费没有作为必填字段，资产卡片无法记录其使用的经费。

②缺少信息系统之间的数据交换接口。学校的人事管理系统、房屋管理系统没有与资产管理系统的数据交换接口，导致人员信息、地点信息无法做到标准一致和同步更新。

③资产管理员权限设置有漏洞。一是资产管理员不写真实姓名，而以单位名称代替，无法确定实际的操作人员。二是院系级资产管理员有下设教研室、实验室、研究机构以及新增领用人员和存放地点的权限，资产管理权限过大。

（2）问题解决。2013 年，学校资产管理系统升级为久其系统 2.6 版。升级之初，学校基于久其软件自身的特点，提出了一系列规范化要求，基本解决了上述问题。

久其资产管理系统有 4 项基础数据：领用单位、人员信息、存放地点和项目经费。资产管理系统操作角色为资产管理员，主要分为两种：校级资产管理员和资产管理业务员（院系级资产管理员）。学校通过系统参数设置功能，自行开发了"单位主管领导"的角色。

针对系统数据问题，提出的规范性要求包括以下几个内容。

①基础信息的管理权限只赋予校级资产管理员。院系级资产管理员界面关闭了相关功能菜单。这一措施可以避免部门设置的随意性，保证领用人姓名、存放地点名称的规范性。

②建立资产管理信息备案制度。各单位定期将资产管理业务员、单位主管领导及设立下属部门等信息填报备案表。根据备案信息，确定各资产管理业务员和单位主管领导操作资产系统的权限。备案时，各单位下属部门名称必须包括单位全称或简称。原则上，机关和直属单位不设立下属部门，院系除教研室以外，只设立一个"办公室"或"电教室"或"实验管理室"作为本单位行政教辅部门的资产管理单位。教学实验室和科研实验室的设立以实验室管理科备案的名称为准。

③加强部门间协作，弥补管理信息系统之间无法对接的问题。与人事处协作，每月获得人员变动数据，新增或停用资产管理系统中的人员信息。被停用的人员无法再作为新增资产的责任人。与房屋管理部门协作，对校内所有可能使用和存放资产位置进行唯一编码。实现对各房间、楼内（房间外部分）和室外公共区域实现全覆盖，资产登记时可以保证存放地点的准确性。

④所有涉及新增资产的财务预算项目名称和编码导入基础数据中的"项目经费"，并将其设置为必填字段。新建资产卡片时，项目经费信息不能为空，并在审核时与报销单进行核对。

▶ 案例启示

（1）经过几年来的尝试，学校资产管理信息数据质量有了较大提升。主要表现在以下几个方面：基础信息完整、准确，资产登记时可供选择的人员确保为在职、在岗人员；使用单位的名称完整、准确、唯一；存放地点以空间位置为准，具体而精确；

项目经费名称规范，利于统计。

（2）严格权限设置，增强院系级管理员责任感。资产卡片"制单人"显示为资产管理员姓名，资产卡片一旦形成，"制单人"的姓名在资产的全生命周期都不会改变。资产管理员更注重资产信息的质量，增强了规范资产信息的内动力。

（3）资产管理信息质量的整体提高，对资产信息的分析、运用，对资产配置的决策支持，以及对加强日常管理提供了基础性的支撑作用。

案例 40

数据库建设对资产管理信息系统的影响

📊 案例描述

某高校为了加强房地产数据库建设，实现房地产信息管理动态化，提高工作效率、降低管理成本，于 2013 年采用邀请招标的采购形式购买了 A 公司研制开发的房地产数据库管理系统。系统合同签约价 26 万元，系统计入使用服务期，数据库运行 3 年后，由于种种原因，该房地产数据库管理系统被终止使用。学校拟采购新的房地产数据库管理系统予以替代。

🔍 案例分析

学校在使用房地产数据库管理系统时遇到了如下一些实际问题。

当时购置该系统时，中标方的软件设计管理平台和理念符合学校房地产管理的要求，但数据库的使用重点还在于中期的数据补充完善、更新维护，特色模块的定制使用。随着时间的推移，由于软件开发合同约定的条款不明确，A 公司的服务从人员技术指导、特色模块设计到软件服务升级更新，已明显落后于学校具体职能部门的要求，使该系统无法有效地使用而处于闲置状态。

随着房产、设备等固定资产在使用过程中功能、地点、使用人等情况的变动，其所附带的相关登记信息也需要随时变动更新，但由于工作量大、工作烦琐等，数据库数据更新工作没有跟上，导致基础数据信息不够准确。

职能部门的主管领导、该系统操作人员相继离任，使该系统的管理使用处于真空状态，系统管理、使用及对接没有了具体责任人和协调管理人。

一些资产管理信息系统在由单机版软件向网络版软件过渡的过程中，对系统操作人员的综合能力的要求大幅度提高，系统操作人员独立自主处理信息系统的能力进一步减弱，对 A 公司提供的系列服务有极大的依赖性。

该系统没有与财政部门与教育部门的上报系统实行有效数据对接，在填报年度上报表格时没有历史数据和变更数据可供参考与查询，给填报工作带来极大的困难。

💡 案例启示

（1）使用资产管理信息系统是实现资产管理动态化、预算编制科学化的重要举措，是编制年度新增资产配置预算的重要支撑，有利于提高工作效率、降低管理成本、实现资产管理与预算管理的有机结合。这使得资产管理信息系统中的数据库建设成为国有资产管理信息系统建设中的重要环节和基础性工作。资产管理的基础性数据存在于资产配置环节、资产使用环节、资产处置环节等资产管理的全生命周期中。学校在实际选择、采购专业资产管理数据库及管理软件时应充分考虑以下几点因素。

①充分考虑购置资产管理信息系统的目的，与软件设计开发公司进行充分沟通，明确表明购置方作为使用管理的一方，通过使用本系统需要达到的目的和要求，比如纵向信息与横向信息的功能查询、各类统计与分析报表间的内在信息关联、报表统计与上报等基本工作。

②充分考虑该系统开发建设的可行性和可操作性，并划分阶段进行统筹开发、建设、维护。软件购置相比于硬件购置，购置方在整体使用期内要考虑支付相当数额的中期维护和后期升级的费用。签订软件开发协议时要充分考虑后续相应的开发维护成本，避免购置方和开发方形成一锤子买卖，从而不利于中后期系统的使用和维护。

（2）学校应根据自身资产管理实际情况，在保证资产管理系统的整体性、架构一致性和延展稳定性的前提基础上，进行功能调整和扩展开发，启用个性化、特色化的功能模块，实现与教育部、财政部等上级主管部门的资产管理系统的有效对接。开发使用的个性化功能模块也应当符合财政部制定的数据规范。

（3）搞好数据库管理维护人员队伍建设，做好数据库平台统计管理交接工作、运行技术支持服务工作。应当建立健全资产管理信息系统中内部管理规范和岗位管理制度，落实岗位责任制和领导负责制，科学设置资产管理信息系统中经办、审核、审批和系统管理等岗位，合理安排岗位人员，加强保密管理和风险防范，确保资产管理信息系统安全、稳定运行。

2.2.2　登记管理案例

案例 41

设备验收与资产登记规范化

🔲 **案例描述**

　　某高校采购一批设备，中标后由于某些原因部分设备未及时供货。在年终单位支付压力较大的情况下，项目负责人应走暂借款手续支付合同首付款，但项目负责人在合同设备未全部到货的情况下违规登记固定资产报销。

　　项目负责人在通过所属单位固定资产管理员登记固定资产时，合同中设备未完全供货和验收。项目负责人要求固定资产管理员按照合同清单登记固定资产。之后，项目负责人集齐材料到国有资产管理处审核资产验收单并到财务处办理支付报销手续，财务处审核后设备登入财务账。次月初，固定资产完成财政局系统月报和当年决算工作。在此后的供货过程中，合同中约定的设备型号停产，供货时改为新型号，同时价格也发生变动，项目负责人通知本单位固定资产管理员修改型号和价格。因现有资产管理软件在财务审核并入财务账后无法修改价格，造成资产登记与实际供货设备信息不符。

🔍 **案例分析**

　　（1）供应商的问题。①投标时未了解投标设备的生产周期情况。②中标后未及时订货且未与厂商沟通货物储备情况造成厂商未预留、排产设备。③在得知设备停产时未及时通知项目负责人和校方，导致了校方和项目负责人对设备变化情况不了解。④在更改新设备时只与项目负责人沟通并未通知所属单位和校方，并且改变后的型号和价格未及时通知固定资产管理员和校方。

　　（2）学校项目负责人的问题。①项目申报、论证时对所需设备的时效性和生产情况不了解，对设备的使用情况、实际需要的功能，以及项目实施后设备技术参数是否已落后没有预见。对本项目涉及的科研技术发展速度预估不足。②对政府采购预算申报—采购执行—供货周期长的特点没有准备。申报项目时未测算技术的淘汰周期，申报专项从当前状况出发，没有技术前瞻性和预见性。③对学校资产验收、登记制度，财务报销制度不了解，或者了解但是没有严格执行，存在侥幸心理。④对供应商的执行进度没有跟进，与校方、供应商的负责人没有就合同所属设备生产情况进行沟通。⑤未遵守单位的资产验收制度，未按照学校资产验收要求验收。未遵守验收合格后登记的固定资产登记的准则。⑥项目负责人所属单位对项目负责人审查不严，对合同执行情况疏于管理。单位财务负责人在未验收的情况下允许进行固定资产登记并在验收单、报销单上签字。

案例启示

（1）项目需求论证要有前瞻性。

（2）项目负责人对所属项目要认真负责，按要求编写技术参数，并对技术参数的时效性、先进性充分论证。

（3）签订合同后要对合同执行情况进行跟踪，严格要求中标商按照合同要求供货。

（4）合同货物发生变更必须经校方同意才能进行下一步工作。

（5）遵守学校资产管理相关规章制度，按流程办事，验收合格后再登记固定资产。

（6）资产验收要严格，资产验收小组成员要认真履行职责。

（7）普及资产登记制度和财务报销制度。

案例 42

在建工程在设备类固定资产登记中的应用

案例描述

某高校在日常固定资产的登记业务中对于不能一次性完成付款，或者付全款却不能及时到货验收的情况感觉非常难办，容易出现各种问题。

例1：购置进口设备，付全款登记固定资产后，设备需要3~6个月到货验收，但由于其他原因，设备不能购置，导致必须进行退库操作，造成了不必要的麻烦。

例2：在登记不能一次性完成付款的自制设备、温室等资产时，常采取两种方式，一种是先一次性按照合同金额全部登记资产，但由于一些资产建设时间长，给对账造成麻烦，同时由于合同经常改变和审计后实际金额与合同金额不一致，导致资产登记账务混乱，埋下数据差错隐患；另一种是根据合同实际付款次数，逐次给原资产进行累加，但有的资产最后完成审计后实际付款金额少于之前累加金额，造成资产登记账务混乱，埋下错账隐患。

案例分析

2012 年 11 月 21 日，教育部印发《教育部直属高等学校国有资产管理暂行办法》，其中新增加了国有资产的"在建工程"大类。2013 年 12 月，财政部发布了新修订的《高等学校会计制度》，其中对"在建工程"科目的解释为本科目核算高等学校已经发生必要支出，但尚未完工交付使用的各种建筑（包括新建、改建、扩建、修缮等）和设备安装工程的实际成本。可以看出，在建工程包括建筑和设备两类。因此，对于不能一次性完成付款，或者付全款却不能及时到货验收的设备，比如进口设备、自制设备、温室等，可以先按照在建工程入账，待验收完成后，按照实际情况进行转固。根据近几年的实践，这种做法很好地解决了此类问题。另外，一些工程类项目也可根据最终实施情况，确定哪些要做转固，哪些不必转固。

案例启示

（1）资产管理部门要及时总结在日常工作中积累的问题，同时积极关注上级部门的新文件、办法，找到可以完善工作的依据。

（2）在建工程不仅包含建筑，还包括设备。因此，我们在理解文件的时候要注意把握释义，要有解决实际问题的敏锐性。

案例 43

精细化管理配套设备入账

案例描述

按照固定资产管理办法的规定，凡单价 1000 元以上，能独立使用且使用期在 1 年以上的仪器设备，均应及时进行固定资产登记。实际工作中，有些实验装置由若干能独立使用的仪器设备及零配件组合而成，如由样品处理、测试、数据采集、运算分析等不同功能模块的设备组合在一起构成的样品分析装置；由混响器、调音台、功放等设备组合而成的音响系统，在登记环节，部分使用单位采用了整体打包或累加记账的形式来构成实验装置的资产账。

例如，为进一步加强安防工作，某高校保卫部2014年通过多个厂商分别订购了一批安防监控设备，其中包括综合管理平台应用系统及数据存储（473万元）、DLP[①]大屏显示系统（315万元）、前端采集设备（210万元）、网络传输设备（245万元）、监控中心分控点设备（158万元）及数据分析工作站等，这些具有不同功能的设备组合在一起构成了一套校园安防系统。该校在登记固定资产账目时，采用了整体打包及多次往主设备价值上做增值累加的记账形式，最终形成了一个千万元以上的安防监控资产账。

🔍 **案例分析**

出于简化手续、直观展示等多种因素的考虑，仪器设备使用单位在进行固定资产账目登记时，有的希望按承接项目内容来设计仪器设备入账名称，有的希望将配套使用的所有设备或配件整体打包入账，形成一个资产账，等等。诸如此类的入账需求若不区分其是否符合成套装置入账标准就直接采用打包入账方式将会为该项资产的中期使用、后期处置环节造成信息不准的问题，同时，也会为这两项工作带来不必要的麻烦：如由此形成的实验装置价值会较高，有的会被直接列入大型设备管理范畴，需每年进行使用效益评价；有的在处置时要根据该套装置整体价值进行逐级审批、备案，处置周期可能会较长；其中不同使用功能的实物未必同期淘汰等。然而，若把需要整套入账的实验装置分别按配套使用的设备品名拆分为一个个独立的资产账，又不利于使用单位对外展示整体发展及资源状况。因此，成套设备的入账形式及判定标准将会直接影响资产管理后期工作质量和效率。

上述案例中的安防监控设备，总体使用功能是为了完成校园安防监控任务，但具体到其中某个系统模块，又是分别由多个不同功能的设备组合而成，如网络传输与显示，前端采集与监控等，使用单位进行固定资产登记时，为能直观反映出整套装置的功能和作用，并且使入账手续更简便，将该套装置中配套使用的所有设备及配件都整体打包入账，按承接项目内容设计了整套装置入账名称，形成了一个资产账。而按照固定资产管理的入账规定，凡单价1000元以上，能独立使用且使用期在一年以上的仪器设备，均应及时进行固定资产登记，原则上应按台件核算数量，以便更清晰、准确地反映资产状况，而实际工作中越来越多不同使用功能的设备被组合在一起使用，来

---

① 数字光处理。

完成更加繁复的工作任务，由此构成的成套装置该如何界定入账标准，对夯实资产管理基础将起到很关键的作用。

案例启示

综合以上因素，考虑仪器设备使用单位有按项目或任务内容对外展示资源状况的需要，以及资产管理部门需逐一、准确管理每项资产的业务要求，可将仪器设备登记入账信息中添加"项目名称"数据项，凡符合入账标准的仪器设备均独立建账，需要成套反映技术装备状况的则根据"项目名称"内容将独立建账的仪器设备进行分选，以此来判定该项目包含了哪些设备，从而达到既能实现完整体现该套装备使用功能，又能清晰列示其中所含仪器设备明细的目标，使得资产管理信息更加客观、准确，同时也有利于项目经费使用情况、资产构成情况等的数据分析。

案例 44

部分应入账固定资产未入账

案例描述

2017 年，某高校部分修缮工程购置智能化工程设备、空调等，未纳入学校固定资产管理，金额合计 168.84 万元。

案例分析与启示

（1）《事业单位会计准则》第二十一条"……固定资产是指事业单位持有的使用期限超过 1 年（不含 1 年），单位价值在规定标准以上，并在使用过程中基本保持原有物质形态的资产，包括房屋及构筑物、专用设备、通用设备等。"

（2）工程项目中购置的设备经常与工程建设施工一起进行，经常发生未单独入固定资产账的情况，给后续资产管理及报废处置带来不便，也存在固定资产监管的漏洞。

（3）高校应制定明确的制度，为工程项目中形成的固定资产登记提供合理依据。

案例 45

捐赠资产未入账

📊 **案例描述**

某高校有铜奔马、三峡绣画、醉翁亭记六条屏、龙船、唐浩明字画等 51 件实物捐赠资产未入账。

📊 **案例分析与启示**

《教育部直属高等学校国有资产管理暂行办法》第十四条："高校接受捐赠等方式形成的各类资产属国有资产，由高校依法占有、使用，应及时办理入账手续，加强管理。"

高校以捐赠方式形成的资产较为复杂，有的资产无法定价，有的资产可能被再次捐赠出去，有的资产被陈列于公共空间不便于归口管理等，使得高校对捐赠资产疏于管理，造成监管缺失，应引起高校高度重视。

案例 46

无形资产未入账

📊 **案例描述**

上级有关部门在某高校无形资产管理检查中发现，共有经过资产清查并报教育部的专利权等无形资产 3777 件（国内有效专利 3708 件，境外有效专利 33 件，软件著作权 36 件）未入账。

📊 **案例分析与启示**

《教育部直属高等学校国有资产管理暂行办法》第二十条："高校应当加强对本单位专利权、商标权、著作权、土地使用权、非专利技术、校名校誉、商誉等无形资产的管理，依法保护，合理利用，并按照国家有关规定及时办理入账手续，加强管理。"

无形资产管理是高校国有资产管理中又一薄弱环节，尤其是专利技术等无形资产的管理，一是量大，二是有的专利技术申请完以后就被束之高阁，拥有人因为需要缴纳相关费用而疏于保护，何时终止没有准确的信息，导致管理不顺畅。如何建立一套规范有序、简便有效的无形资产管理流程，值得高校研究探索。

案例 47

报建手续不完善且资产未在账面反映

案例描述

2010 年，某市政府部门书面同意某高校建造一栋公寓，该项目未批先建且未及时纳入该校账内，形成账外资产。

案例分析与启示

《中华人民共和国会计法》第十六条："各单位发生的各项经济业务事项应当在依法设置的会计账簿上统一登记、核算，不得违反本法和国家统一的会计制度的规定私设会计账簿登记、核算。"《国家计委关于基本建设大中型项目开工条件的规定》把"项目初步设计及总概算已经批复"作为项目开工条件。

2.2.3　转固管理案例

案例 48

科研经费中的材料费形成的固定资产如何转固

案例描述

某高校老师用科研经费采购了一个 5 万元的硬件平台，按照固定资产的建账标准应予以转固，资产管理部门将此平台按照固定资产进行验收入账，财务部门也按照设备购置费予以报销。后来，科研项目验收，审计提出，按照项目预算，该平台不能入固定资产科目，需要调整为材料费科目。按照审计的要求，财务需要调整财务科目，资产管理部门也需要将固定资产予以销账，按照材料重新入账。财务部门和资产管理部门分别进行了账目调整。

案例分析

（1）老师的问题。①在项目申请时，项目预算书不够合理，导致未将部分固定资产纳入设备购置费，或者临时新增设备，未及时申请调整经费预算。②在经费支出时，未将项目预算如实通报财务部门，导致入账时与预算不符。

（2）科研管理部门的问题。科研管理部门在科研项目评审时，未召集项目执行中涉及的各个管理部门参与项目的校内评审，从而导致有的项目预算编制不够合理，经费支出时难免出现与预算不符甚至相悖的情况。

（3）资产管理部门的问题。资产管理部门为了确保项目顺利验收，在面临来自审计的压力时，未能坚持按照固定资产的建账标准来管理，而是将固定资产销账，入了材料费。

（4）财务部门的问题。①在经费支出时，未审核项目经费预算与实际支出是否相符。②在项目审计时，只考虑财务科目是否符合财务预算，未考虑由此带来的固定资产流失。

（5）审计的问题。项目审计时，只单纯检查项目支出和预算是否相符，不能变通地考虑项目的实际情况和由此而带来的固定资产流失。

（6）项目批复部门的问题。有的科研项目为了避免设备的重复购置，从而减少设备购置费，增加材料费。而材料费与设备购置费的最大区别在于设备购置费可以转变为固定资产，而材料费由于其自然属性，管理不像固定资产那样严格规范，从而导致对材料费支出无从监管。项目单位为了能够申报项目成功，只能将拟购置设备列支到材料费，这必然导致审计时支出与预算不符。

案例启示

（1）各管理部门分工不同，各司其职，但由于管理的角度不同，又难免各自为政，从而产生矛盾。矛盾不应通过某个部门放弃管理原则来解决，而应通过互相支持和配合来解决。

（2）沟通是管理的本质。高校与项目批复部门之间，老师与校内管理部门之间，学校内部各管理部门之间的沟通都非常重要，只有多沟通，才有可能将问题扼杀在摇篮里，在遇到问题时才能群策群力，而不是互相推诿。

（3）科研项目的申报绝对不只是科研管理部门和老师的事情，还应有财务部门、资产管理部门的积极参与。这样方可确保项目预算与项目执行一致。

（4）科研工作是创造性的工作，项目预算书也只是项目的初步计划，根据科研工作的需求对项目预算书进行适当的调整也是正常的，项目批复部门应充分放权，让项目负责人在经费支出上能有更大的自主权，应把项目验收的重点放在项目绩效的考核，而不是经费支出。

（5）科研经费中，材料费转固其实并不是解决不了的问题。资产管理部门严格按照固定资产的验收标准进行入账管理，老师将项目预算的实际情况告知财务部门，财务部门在按材料费报销的同时做固定资产基金，这样一来，不但确保了项目支出和经费预算相符，而且不会造成固定资产的流失。

2.2.4 清查管理案例

案例 49

设备家具类资产验收、建账与月度抽盘

案例描述

随着国家对高校的投入逐年增加，高校新增固定资产的总量也迅速增长，但由于很多高校在资产管理过程中存在着重购置、轻管理的现象，且资产在使用中不计提折旧、不计盈亏，所以长期以来，容易造成资产的有账无物。

为了减少资产日常管理中验收管理环节的漏洞和问题，A 大学采取实地验收、照片验收、入库后抽盘等多种方式严把资产验收关。根据《A 大学仪器设备管理办法》规定，对于单价 10 万元以下的仪器设备，由使用单位组织验收，并填写"仪器设备验收单"；单价 10 万元以上的仪器设备，须组织专家、技术人员和使用单位成立验收小组，国资处验收人员参加，填写"贵重仪器设备验收报告"；自制设备填写"自制设备（软件）项目验收报告"。验收完成后，由使用用户在"设备和家具管理系统"中录入相关资产信息，并上传设备或家具照片，证明资产已正常到货并使用。资产入账后的下月初联系单位管理员，对上月入账资产进行抽盘，现场检查设备的条码是否粘贴、设备是否正常使用等。

案例分析

（1）对采购的设备及家具进行实地验收，为强化使用单位及验收人员责任意识，须由使用单位填写验收单或验收报告并请验收人员签字确认，资产管理部门审核并存档。

实地验收方式包括到货验收和技术验收两部分。①到货验收主要清点货物的型号、规格、数量、附件及有无破损等情况。②技术验收包括仪器设备的安装调试及功能测试。在验收合格后，使用单位需翔实填写验收单或验收报告，并经验收人员签字确认后，交资产管理部门审核并存档。

在仪器设备验收合格之日起，即进入合同规定的保修期，享受相应的服务和技术保障。实地验收环节有效保证了对仪器设备验收工作的完成情况，有利于维护学校利益，确保仪器设备的安装调试准确及功能正常。纸质版验收单或验收报告的存档，便于日后审计、查阅。

（2）资产入库时，在"设备及家具管理系统"中上传仪器照片，确保信息准确后审核并保存，作为电子版照片验收凭证保存，利于快速检索。

①实地验收合格后，使用单位须在一周内到资产管理部门办理资产入库上账手续。

②使用单位在"设备及家具管理系统"录入资产信息时，须上传仪器设备照片，记录仪器设备的实际到货情况。

③资产管理部门入账审核时，确保照片中的实物与纸质版合同、发票中的信息相符，审核合格后保存数据。

④将系统中上传的照片作为电子版的实物验收凭证入库存档，方便日后查阅。

（3）验收合格并完成入库后，进行月度抽盘，检查实物情况及条形码是否正确粘贴，再次确保账、物、卡相符。

①办理上账手续时，资产部门管理员打印相应的资产条码并发放给使用单位。

②要求各使用单位将条码一一对应粘贴于仪器设备及家具上。

③次月初下发给各单位上一月新增数据，并联系各单位资产管理员对各其上一月新增的仪器设备及家具进行抽盘，核对条码粘贴情况、账物明细及实物是否一致。

④将抽盘情况翔实记录在"抽盘记录表"中，并请各单位资产管理员和资产管理部门核查人员分别签字确认。

⑤将"抽盘记录表"整理好后存档备查。

💡 案例启示

（1）验收制度及验收形式务必健全、规范、有可操作性。

（2）实地验收环节非常重要，应确保使用单位及相关验收人员参加，并填写验收单及验收报告，翔实记录资产的到货验收情况。

（3）资产管理系统中要求上传电子版验收照片，方便搜索查询，确保验收环节有据可循。

（4）月度抽盘，加强使用单位资产管理员和具体操作人员的参与，强化使用单位在使用过程中对仪器设备及家具的管理意识。

（5）资产验收、建账、月度抽盘等验收方式均要求有相关参与及负责人员签字确认，确保责任落实到人，以备追责，多方位多角度确保账、物、卡相符。

案例 50

设备家具类资产年度自盘及滚动式抽盘

案例描述

《教育部直属高等学校国有资产管理暂行办法》第十九条规定，"高校应当对实物资产进行定期清查，完善资产管理账表和相关资料，做到账账、账卡、账实相符……"；《高等学校财务制度》第四十四条规定，"高等学校应当定期或者不定期对资产进行盘点、对账。出现资产盘盈盘亏的，应当按照账务、会计和资产管理制度有关规定处理，做到账实相符和账账相符"。

高校仪器设备及家具类资产（以下简称设备家具类资产）是固定资产的重要组成部分，资产总值大，台件数多，分布广，盘点难度大。利用信息化手段，采用年度自盘及滚动式抽盘相结合的方式高效地开展盘点工作。

案例分析

（1）年度自盘。

①在盘点工作开始前，根据学校实际，制订盘点方案。

②年度自盘在全校范围内进行，校内所有单位均须参加，自盘主体为各单位。

③选择合适的盘点基准日，建议选择 10 月底至 11 月中。因为每年的 12 月，校内各单位的总结收尾工作较多，如安排在 12 月开展盘点，各位设备家具类资产领用人忙于教学、科研任务及应付各种年终总结，没有足够的精力和时间进行盘点，将使盘点工作流于形式。

④重点盘点内容。以账对物：按照资产明细，逐台件核对资产现状（是否存在有

账无物情况）、领用人、存放地点三项信息及条码标签粘贴情况；以物对账：如有设备家具类资产实物，但未在盘点明细中，须如实填写盘盈资产信息；账卡相对：核对资产清查表与固定资产卡片相关信息是否一致，重点核对金额、规格型号、购置日期等。

⑤各单位要将盘点数据在管理系统中进行资产数据修正、更新，形成盘点总结。

（2）滚动式抽盘。

①每年抽取3~4个单位进行全面的设备家具类资产盘点，用3~5年时间完成全校滚动式抽盘工作。

②滚动式抽盘工作的主体为学校盘点小组（由国资处、财务处、审计处、纪委等部门组成）及各被抽盘单位。

③抽盘工作时间：可根据学校实际，灵活安排。

④抽盘重点内容：贵重仪器设备完好情况、使用情况；两用设备使用情况等。

⑤针对抽盘中发现的问题，进行全面总结、认真分析，提出相应整改措施和实施计划。

💡 案例启示

（1）年度自盘是以各单位为主体进行自查；滚动式抽盘是学校资产抽盘小组负责组织推进检查盘点，利用外部力量促进校内相关单位进行设备家具类资产盘点。

（2）自盘及抽盘工作需得到学校及校内各单位领导的重视及支持。

（3）不论是年度自盘还是滚动式抽盘，均须精心设计工作方案，明确盘点范围、时间、流程、盘点内容。

（4）利用信息化手段，将所有设备家具类资产明确到领用人，由领用人进行自盘，将盘点工作分解到最小单元；利用邮件、短信、微信等方式及时推送各种通知、要求及温馨提示，提高盘点效率。

（5）充分发挥各单位资产管理员的作用。各单位资产管理员是年度自盘和滚动式抽盘工作的主要执行人，要加强对资产管理员的培训和指导。

（6）盘点结果需及时在管理系统中进行修正、更新，及时补打条码，实现资产动态管理；对盘点中出现的问题需认真分析总结，及时整改。

案例 51

固定资产实物清点方式的变革

案例描述

某高校在进行清产核资时发现有账无物的固定资产较多，其主要原因是没有坚持进行定期的资产实物清点。认真分析内在原因，则是传统的清点方式费时、费力，学院不支持，管理部门不积极，从而不能坚持定期进行资产清点。

案例分析

目前，多数高校采用的是归口管理、分级负责的资产管理机制，由资产领用人负责对资产的使用、看管。由于目前高校发展比较快，资产量非常大且增长迅速，另外在资产管理上，高校重购置轻管理，对于资产管理中实物的管理比较薄弱，传统的管理手段和管理模式相对不适应当前的状况，传统的清点方式很难坚持，造成了资产的损失。学校应该有效利用信息化、网络化的管理系统对资产进行管理，积极采取学校、学院二级甚至三级的管理模式。

某高校采用"实时清点，定期核查"的方式，通过资产管理系统，利用微信、短信、邮件和数字校园平台等多种方式实时通知资产领用人安排时间清点资产。资产领用人可以在一定时间内自由安排时间进行实物清点并通过手机或计算机在系统上进行清点操作。同时，资产管理部门定期进行现场抽查。把耗时、费力的集中清点模式变为省时、省力的实时清点。

案例启示

（1）资产管理部门应建立资产盘点机制。

（2）要有更好的激励机制，让领用人能够更好地管理领用的资产。

（3）加强对资产管理重要性的宣传，做好资产管理效益评价。

（4）充分利用新的信息技术手段，提高资产管理效率，降低资产管理成本。

（5）勇于创新，敢于改变旧有的资产管理模式，建立更高效、更便捷的资产管理模式。

案例 52

某高校固定资产清查工作中发现的管理问题分析

案例描述

2016 年 4 月，按照教育部下发的《转发〈财政部关于开展 2016 年全国行政事业单位国有资产清查工作的通知〉和〈财政部关于印发《行政事业单位资产清查核实管理办法》的通知〉的通知》的要求，X 大学即时召开动员大会，组建由校领导牵头，相关部门负责人参与的固定资产清查领导小组，设立固定资产清查办公室，部署开展固定资产清查工作。

本次固定资产清查涉及的资产数据以 2015 年 12 月 31 日为基准日，清查范围包括全校各学院（系），机关各部、处及直（附）属单位。校办企业、执行企业会计制度的二级事业单位未列入此次资产清查范围。为了提升固定资产清查工作的质效，本次清查工作首次启用了全新的固定资产清查系统和先进的扫码识别设备。

X 大学固定资产清查分为以下几个主要工作阶段。

第一，工作部署阶段，4 月 1 日。召开固定资产清查工作动员大会，成立固定资产清查领导小组，设立固定资产清查办公室，确定各部门清查工作责任人，并报送人员信息。

第二，单位自查阶段，4 月 6 日至 5 月 5 日。校内各部门根据固定资产账目，对照固定资产实物和条码标签，对所辖固定资产开展仔细盘查，以账查物，以物查账，逐一核对，不重不漏。

第三，数据汇总阶段，5 月 6 日各部门自查结束后，根据自查结果填写报送"X 大学固定资产清查盘点表""X 大学固定资产清查盘盈申报表"和"X 大学固定资产清查盘亏申报表"，同时完成固定资产清查系统的数据填报更新工作。

第四，验收复查阶段，5 月 7 日至 5 月 25 日。固定资产清查办公室按照固定资产管理系统账目和各部门固定资产清查报表，对自查结果进行实地复核。检查结果不符的固定资产，清查办公室限定期限，由固定资产使用保管部门改正并重新上报。

在为期 2 个多月的资产清查工作中，除个别单位由于工作时间和内容比较特殊，管辖资产种类繁多，存放地点分散，致使清查数据报送稍有延误，其他单位均按期高质地完成了固定资产清查工作。

清查工作的成绩：基本摸清了"家底"，为后续管理工作夯实了基础；使固定资产管理更加规范化，改善了资产配置效率；建立了资产管理与预算管理相结合、资产管理与财务管理相结合的运行机制，为预算编制和审核提供了可靠依据；完善了固定资产管理数据，实现了资产动态管理，盘活了存量资产，提高了资产使用效益；从数量、价值、结构、使用状况等多层面准确反映资产情况，为编制综合财务报告奠定了基础；找出了固定资产管理中仍然存在的固定资产管理制度实施不到位，管理责权不清，管理缺乏有效监管等主要问题和共性问题。通过相关问题的分析解决使 X 大学固定资产管理迈上新的台阶。

案例分析

（1）固定资产使用保管部门的管理问题。X 大学固定资产管理工作的原则是统一领导、归口管理、分级负责、责任到人。按照管理原则，校属各部门对其使用的全部固定资产应承担主要管理责任，部门负责人是固定资产管理的第一责任人，再在本部门内对所有固定资产进行层层分解，责任到人。在实际工作中，由于管理工作仍处于新旧交替阶段，使用保管部门在固定资产管理中的主要问题是制度执行不足，管理责任分解落实不到位、不规范。例如，在清查中发现某部门未按照固定资产管理规定建立资产实物账目，资产管理责任人存在"挂名"现象，甚至新购置固定资产就存在领用人不知情即被挂名领用资产的情况。"挂名"现象会造成固定资产实际信息与账目信息不符，久而久之会导致固定资产流失。

（2）固定资产管理部门的管理问题。

①管理体制现状。按照内部控制要求，X 大学分别设置了独立的资产管理部门、财务部门和设备管理部门，三个部门分别负责全校各类固定资产的购置预算审核编报，购置资金申请使用以及所有固定资产的管理调配工作。

②管理制度建设和执行现状。在日常管理中，设备管理部门主要负责设备购置预算的编报，设备购置指标的下达，购置经费申请结算等固定资产管理工作和固定资产管理体系及制度的制定完善工作。在管理实践中，X 大学设备管理部门制定颁布了包括《X 大学国有资产管理办法》《X 大学固定资产管理办法》《X 大学仪器设备类固定资产管理办法》《X 大学贵重仪器设备管理办法》《X 大学固定资产清查暂行办法》及《X 大学仪器设备类固定资产损坏丢失赔偿管理办法》等管理制度，可以说 X 大学构建了较完备的固定资产管理制度体系。但清查工作中发现了固定资产账实不符，管理责任

不清，资产登记信息不能及时更新，甚至有的部门出现了擅自改变招标合同项目的情况。例如，清查中发现某部门 2014 年采购的固定资产账实不符。经调查是由于在该批固定资产采购过程中，使用部门未经管理部门批准即与供应商私下协商变更合同标的，未及时签订补充协议，造成固定资产账实差异。分析问题产生的原因有三：一是制度推行不到位，不落地；二是受过去管理工作中重财轻物思想的影响，资产管理未受到应有的重视；三是管理责任落实中的"挂名"现象仍然存在。

💡 案例启示

通过对案例的梳理可以得到以下几点启示。

（1）制度建设是管理效率提升的保障。俗话说，无规矩不成方圆，规矩即是指制度。建立起完备的制度，并能够有效地遵照执行，可以使包括固定资产管理工作在内的任何工作都顺利进行，效率倍增。

（2）管理责任的分解与落实可以使工作人员在固定资产管理中履职尽责，有助于更好地完成固定资产的保管和日常维护工作。就管理的对象——固定资产本身而言，在管理制度约束下，明确划分管理职责可以夯实固定资产管理基础，促进固定资产合理配置。就固定资产管理工作的参与者而言，从经济学的角度来看，人本身是自利的，只有精确到人的责权划分才可以敦促责任人做到守纪尽责。

（3）固定资产管理工作应结合完善的奖惩措施，奖优罚劣，以激发全员工作积极性。根据不同的管理情况，差异化对待，树立典型，以点带面，优化管理工作效益。

案例 53

资产清查中的固定资产盘亏盘盈问题

📊 案例描述

2016 年上半年，根据《财政部关于开展 2016 年全国行政事业单位国有资产清查工作的通知》，全国高校以 2015 年 12 月 31 日为资产清查工作基准日组织实施了国有资产清查工作。

资产清查中，各院系、机关部处根据各自的账、物、卡，在规定的时间内完成了自查工作，大部资产账物相符，但也出现了资产的盘盈、盘亏问题。

案例分析

（1）资产管理制度尚不健全。通过本次资产清查发现学校的资产管理制度还不够完善，部分制度应及时按照国家相关规定进行调整，比如人员离职、退休等资产交接制度不完善。造成资产清查中找不到实物，无处查找，造成盘亏。

（2）由于历史遗留问题，固定资产缺乏定期的清查盘点。由于人员的配置原因、部门之间的分工原因以及固定资产总量庞大等原因，学校长期以来未能实现对固定资产的定期盘点，盘点的间断和滞后造成固定资产使用过程中出现的问题难以及时发现，进而造成处理问题的时间滞后。

（3）基建项目后期验收时分类入账不到位，例如，房屋中的空调、电梯为基建费用购置，后期价值反映在房屋中，本次清查单独列出认定为资产盘盈。

（4）资产管理意识有待加强。对于资产归口管理部门，要加强对所管理资产的台账建立的意识，并实现与财务的实时对账，通过本次清查发现存在部分资产归口管理部门台账与财务账脱节的现象。财务账出现未达账，资产部门验收入账在前，财务核销跨年度等造成资产未达账现象。

（5）除管理部门外，资产使用部门也需加强资产管理意识，清查中发现有资产使用人对资产的使用、处置存在随意性，缺乏管理意识，造成资产账物不符。

（6）图书、家具资产量大价低，使用部门管理不到位，造成盘亏。

案例启示

（1）应进一步健全管理制度，建立长效管理机制。在清查中，根据财政部、教育部的相关制度要求，针对学校资产管理的薄弱环节，建立和健全各类资产管理办法，在资产管理任务、管理内容、管理原则、组织机构、职责分工、资产配置、资产使用、资产处置、资产评估等方面制订明确详细可操作性的管理措施，从制度上进一步规范固定资产管理行为，堵塞管理漏洞，建立有效的运行管理机制。

（2）增强国有资产管理意识，加强国有资产管理队伍水平。要切实转变观念，克服怕担责任、怕麻烦、"新官不理旧账"和"重钱轻物"的思想，要充分认识和查找学校在落实固定资产规范管理上存在的差距，认真分析研究和解决固定资产管理上"管用脱节、账物脱节"等问题。定期组织资产管理人员认真学习各项资产管理制度，进一步认识资产管理和保护的重要性，提高各级管理人员资产管理能力。

（3）加强资产管理工作力度，严格实行资产管理责任制。进一步明确固定资产管理部门和固定资产使用部门的职责和权限，实现"物物有人管，人人都管物"，每件物品落实到具体使用人与维护人名下，由负责该资产的保管人管理好，防止物品的损坏和遗失；完善仪器设备损坏丢失赔偿管理办法，明确损失赔偿责任人员、赔偿金额计算、赔偿方式等，增强干部职工爱护公物意识，防止国有资产流失。

（4）细化国有资产监管流程，加大资产定期清查力度。认真做好资产管理的各项基础工作，建立资产增减变动的工作流程，做到程序化和规范化，提高其使用率；查明账面结存数与实存数是否相符，查明固定资产的保管、维护和利用情况，是否存在保管不善、维护不到位、闲置浪费、流失的现象，查明内部管理制度设计是否完善，执行是否有力，保证本单位固定资产的完整有效，做到家底清楚、账实相符、物尽其用。

（5）规范资产处置行为，严格资产审批制度。严格按《中央行政事业单位国有资产处置管理办法》等及本次清产核资有关文件等规定的程序和批准权限，实行严格的资产处置审批制度。巩固2016年的资产清查成果，继续做好资产清查后续工作。

（6）完善资产的使用管理制度，加强使用的全过程监管。对因玩忽职守或违反操作规程，造成财产损失者，当事人必须立即写出书面报告，说明原因，根据情节并依照有关规定处理。人事部门在部门人员变动时，要书面通知资产管理部门，做好资产配发与收交工作，在收到资产回收确认单后，方可办理人员变动相关的后续手续。

（7）增强资产管理的创新意识，利用信息化手段加强资产监控。建立国有资产监管平台，把单位的资产管理与财务管理、资产的价值管理和实物管理结合起来，及时反映单位的资金变动、资产存量和变量情况，实现由静态管理向动态管理的转变，真正发挥存量资产的效能。

案例 54

学校未对实物资产进行定期清查

📊 **案例描述** ▶

在教育部对某高校专项巡视中发现，截至2018年3月31日，某高校存货财务账面余额2707.2万元，库房总金额2494.3万元，差额212.9万元。

案例分析与启示

《教育部直属高等学校国有资产管理暂行办法》第十九条："高校应当对实物资产进行定期清查，完善资产管理账表和相关资料，做到账账、账卡、账实相符；对清查盘点中发现的问题，应当查明原因，并在资产统计信息报告中反映。"

高校的资产实物盘点由于人手不足、信息手段欠缺等因素存在监管不到位的普遍现象，应引起高校资产管理工作者的高度重视。

2.2.5　处置管理案例

案例 55

高校报废及闲置设备处置

案例描述

某高校目前仪器设备存量 6 万多台套，总价值约 15 亿元，每年报废处置设备价值约 1000 万元，该校在报废处置及闲置设备过程中发现可能存在的问题，针对这些问题提出有效解决方案，并在实际操作过程中应用，加强报废处置各环节的管理，提高国有资产的使用效率、防止国有资产流失。

案例分析

（1）报废处置可能存在的问题。

①使用期已满但仍能正常使用的设备按报废处理的。

②可正常使用的设备长期闲置造成资源浪费的。

③使用期已满且已无法正常使用的设备长期在账不办理报废手续的。

④设备整机已报废，但重要零部件仍可利用的未办理留用的。

⑤处置设备中有收藏价值的设备未留存的。

⑥报废设备处置方式不当，未获取最佳经济收益的。

（2）解决方案。

①组织技术专家对待报废仪器设备进行鉴定及评估，对于仍能正常使用的设备拒绝办理报废手续。

②定期对全校仪器设备进行盘点清查，对于长期闲置的设备办理校内调拨，若校

内无单位领用，可转为对外捐赠，减少浪费；对于使用期满且已无使用价值的仪器设备或不符合国家标准，继续使用会产生危害的仪器设备建议进行报废处理，节省实验室空间。

③在科技发展或学校发展中有突出贡献的经典设备或其他有收藏价值的仪器设备报废后应留存于校史馆供后人进行学习了解。

④对已入报废库的设备进行分类筛选，因技术落后在原单位无使用价值的设备按照校内调拨或校外捐赠处理。对于已报废但重要零部件仍可利用的，将零部件留存作为校内同类设备的备件。

⑤报废设备处置采用公开竞价拍卖的方式，应在相关网站发布竞拍公告，通告拍卖标的物的情况、拍卖时间、地点，满足资质条件的单位均可报名参加，动员潜在单位参与竞买，增加拍卖透明度，竞价过程全程录像，竞价开标由纪委监督，处置收入全部上缴国库或按相关要求处理。

（3）仪器设备报废处置流程。

使用单位提出申请→填写"仪器设备报损报废技术鉴定表"或"精密贵重仪器设备报废技术鉴定报告"→组织专家对待报废设备进行鉴定及评估→使用单位盖章、负责人签字→由资产管理部门、财务部门及使用单位进行审查→通过校长办公会审批→上报教育部审核（审批）→报废物资集中存放并进行分类筛选→组织公开竞价拍卖→财务部门销账→职能部门销账、销卡，资料存档。

案例启示

（1）报废物资仍是学校国有资产的一部分，任何单位和个人均不得擅自处理；合理处置和利用报废物资是资产管理的一项重要工作。

（2）学校资产管理部门严格按照国家和上级部门的要求，建立健全资产处置的相关规章制度，完善报废处置流程，提高国有资产使用效益。

（3）处置已批准报废的固定资产，应遵循公开、公正、公平的原则，在国家政策法律允许范围内，采用竞价或招标方式进行，以获取最佳的经济收益。

（4）《高等学校财务制度》第四十五条规定，高校"优先通过调剂方式配置资产"。建立校内、校际调剂平台对优化资源配置、发挥资产使用效益，意义重大。

案例56

建立回收物资企业库，推进报废固定资产处置

案例描述

随着国家财政对高校投入的增加，仪器设备的更新换代速度也在加快，随之带来的问题是，高校每年形成大量的废旧物资待处置。根据《教育部直属高等学校国有资产管理暂行办法》的要求，高校国有资产处置应当遵循公开、公正、公平和竞争、择优的原则。高校出售、出让、转让资产数量较多或者价值较高的，应通过招标、拍卖等市场竞价方式公开处置。如何在不违背国家政策的前提下，快速、高效地处置废旧物资是部属高校面对的一个现实难题。W校在总结以往经验的基础上，为加强废旧物资回收企业的管理工作，提高废旧物资处置效率，2014年W校面向社会公开招标了一批具有回收资质的企业列入W校合格回收企业库，参与W校组织的废旧物资竞价活动。

案例分析

（1）宏观环境影响。

①国家对废旧物资回收市场未能进行有效监管，市场较为混乱，对高校处置废旧物资带来一定的风险。

②处置报废固定资产事项是上级单位对高校进行检查、审计的重点事项。

（2）回收公司的问题。

①回收公司人员素质不高，个别公司资质文件造假。

②回收公司易互相串通，有压低投标报价的可能。

（3）高校自身存在的问题。

①从2005年起，为最大限度地提高处置收益，W校采用公开竞价方式处置废旧物资。每次处置废旧物资都在W校校园网上发布招标公告。由于处于探索阶段，对投标人并无资质要求，只要求报名，不需要提供身份证明和资质文件，随之带来的问题是参与竞标的人比较多，学校不易控制，如遇突发情况，不易追责。

②从2007年开始，W校在总结以前经验的基础上，每次公开处置废旧物资的时候，对投标人增加了资质要求，要求投标人提供一系列资格证明文件。这样也随之带来了

一系列问题：一是工作量大，每次都要审查回收公司的资格证明，并组织回收公司踏勘现场实物；二是每次公开招标，周期长，处置效率低下；三是参与投标的回收公司较多，有些公司资质造假；四是学校办学空间有限，找不到合适的地方存放废旧物资，废旧物资处置不及时，导致大量的废旧物资乱堆乱放；五是学校办学要求与国家政策之间的矛盾。学校要求尽快处置废旧物资，以保证学校各项工作的顺利开展，而国家政策要求应通过招标方式公开处置废旧物资，二者存在一定矛盾。

③为解决上述问题，W校在总结以往经验的基础上，为加强废旧物资回收企业的管理工作，提高废旧物资处置效率，2014年面向社会公开招标了5家具有回收资质的企业列入学校合格回收企业库，参与学校组织的废旧物资竞价活动。这样既保证了竞争，提高了处置废旧物资的效率，又不违背国家政策。

案例启示

（1）严格审核回收公司的资格证明文件，必须在国家工商部门官方网站上进行查询，防止回收公司造假。

（2）学校要全过程监督回收公司的回收工作，防止意外事故发生。

（3）必要时，引入评估工作，对废旧物资进行评估，确定底价。

（4）学校要与回收公司签订协议，明确双方的责任与义务，并特别强调回收公司的安全责任。

案例 57

实验室危险废物处置工作体系及实践

案例描述

高校化学类实验室产生的危险废物处置是实验室技术安全、环保管理的一项重点工作。某地区实验室危险废物处置一般由A公司提供技术服务。

某校的危险废物处置工作有如下特点。

（1）产废量庞大。近3年每年的实验室危险废物产量平均为150吨，并且在以每年20吨左右的速度递增。

（2）产废种类繁多。实验室产生危险废物种类包括废酸类、废碱类、废有机溶剂类、废重金属盐类、废渣油类和废化学试剂类等 8 大类上百种危险废物。

（3）产废实验室多而且分散。该校化学类实验室有 600 多间，分散在学校的 8 栋实验楼和其他一些平房里。

针对以上特点，该校就处置工作中出现的问题，及时与 A 公司沟通交流，不断完善工作方案，建立了一套行之有效的、完整的工作体系，确保处置工作能够安全、顺利进行。

🔍 案例分析

（1）抓住关键环节，规范处置当天危险废物临时收集点的管理。

①在危险废物处置当天，利用警戒线、警示牌等，将临时收集点隔离成封闭区域，严格管控，避免其他人员经过收集点时沾染危险废物而造成不必要伤害。

②根据全校实验室申报的危险废物处置量，合理安排单次危险废物处置量，采用分学院、分批次处理的方案，控制处置当天的处置量，确保临时收集点的危险废物当天收集、当天运走，绝不过夜。

③配足教工和学生作为学校处废工作人员，协助 A 公司的分拣人员，做好危险废物分拣工作。工作人员应有序引导各实验室将危险废物存放到指定地点，初步检查是否粘贴危险废物标签并规范填写相关信息，方便后续分拣人员按种类分拣，并且遇到有问题的危险废物，可及时联系实验室处理，避免"无主"危险废物，无人处置。

（2）制订应急预案，及时有效处置突发事故。2015 年，A 公司运送废液的车辆在该校搬装废液桶、废液箱，一位操作人员在往车上搬运一桶废液的时候，废液桶把手断裂，废液桶掉到地上，桶底破裂，桶里的酸性废液外泄。事故发生后，立即启动应急预案，封锁现场，现场工作人员佩戴好防护用具，协助 A 公司工人，封堵了桶上的漏洞，利用沙土将外泄废液充分吸收后，全部回收处置。后用大量水冲洗、清扫地面，确保地面没有废液残留。

（3）及时沟通，促进处置公司分拣，运输工作更加高效、安全。对于危险废物处置过程中的问题和隐患，该校及时向 A 公司反映，如公司分拣人员、运输人员在现场抽烟，运输人员有"暴力装车"的现象等，促使 A 公司对处置工作的安全管理更加重视，随之对工人提出更严格的危险废物处置现场工作要求，以及更严厉的安全责任追究制度。

（4）宣传指导。该校结合危险废物处置特点及 A 公司对处置工作的要求，编写发放《实验室安全问答手册》。

案例启示

（1）管理制度是基础，技术支持是后盾。该校针对实验室危险废物处置工作印发了专门的管理制度，明确了危险废物收集、暂存、移交、处置的监督、管理以及直接责任主体，规范了各项工作的行为准则；为危险废物处置过程中突发事件的应急处理提供了应急处置程序和方案，能够在突发事件的处置中，把对人员的伤害和对环境的污染降到最低；就危险废物处置的一般原则，该校结合危险废物处置的特点以及 A 公司对处置工作的要求，将危险废物处置安全的相关知识整理编写进《实验室安全问答手册》中，发给各实验室师生，作为危险废物处置的宣传指导资料。

（2）责任体系是利剑，分级管理是保障。该校构建了学校、学院、实验室三级实验室危险废物处置工作的管理和责任体系，责任明确、分工到位。实验室负责人对本实验室产生的危险废物的处置工作负直接责任，必须指导本实验室人员做好对危险废物的分类存放，正确粘贴危险废物标签，按要求规范转移至临时收集点等工作；学院对实验室产生的危险废物处置工作负有管理和监督责任，负责组织和实施本学院危险废物的处置工作，监督各实验室规范存放、暂存、转移危险废物等工作。主管业务处是学校实验室技术安全、环保管理领导小组的归口管理部门，负有管理和监督责任，负责制订危险废物管理办法，指导、督查各学院做好危险废物处置工作，负责与有资质的公司签订危险废物处置合同，负责为处置工作提供技术支持。

（3）完备的处置流程是关键。针对危险废物处置工作处置量大、种类多、产废实验室较分散等特点，该校将工作任务明确分工到各个岗位，做到分工清楚、责任明确，并与 A 公司工作人员紧密配合，确保处置当天各项工作有序开展。

案例 58

固定资产如何变成了建筑垃圾

案例描述

某高校基建部门计划对校内团体拓展训练馆内部进行装修改造，需要拆除馆内现有的攀岩壁、高空器械、室内场地配套小项目和安全保护器材。施工前主管基建的副校长到现场进行察看，由于该副校长曾分管国有资产工作，对国有资产管理比较重视，便询问基建部门馆内设施是否已经履行了报废处置程序。基建部门不了解情况，便向该团体拓展训练馆的管理部门——学生处咨询。学生处通过查询学校资产管理系统和采购合同（各设施与设备录按该合同录入同一张设备类资产卡片），确定该馆内设施当年按设备类资产入账，尚未履行报废处置程序。基建部门原计划将该馆内设施作为建筑垃圾拆除随后再进行处理，现只能暂停施工。

随后，学生处立即联系学校国资处履行固定资产报废处置程序，交由指定的环保处置公司进行回收。环保处置公司收到报废处置清单后认为拆除难度较大，便派人到现场进行察看。环保处置公司提出拆除该报废处置清单中的攀岩壁难度较大，公司没有专业的设备和人员，也需要采用公司外的设备和人员来处置，需要一定的时间，且拆除过程可能对馆体建筑造成附带损伤。经基建部门、国资处和环保处置公司反复协商，综合考虑装修改造工期和环保处置公司拆除质量等因素，最后商定由基建部门负责拆除馆内设施，拆除后的设施及设备由环保处置公司派车回收。此时已经超过团体拓展训练馆原计划的改造施工时间约一周。

案例分析

（1）基建部门的问题。

①国有资产管理意识不强，未经查实便主观认定训练馆内设施拆除后为建筑垃圾。

②缺少与国资处等部门的横向沟通，导致信息不对称。

（2）学生处的问题。

①对本部门所属固定资产情况掌握不实。

②仅考虑新项目立项问题，未将原有设施及设备的报废处置一并考虑。

（3）国资处的问题。

①在资产入库时审核不严格，未对资产进行有效分类。

②在基础设施改造前对相关建筑内资产情况未提前了解，导致在拆卸时匆忙介入，延误工期。

③对国有资产管理宣传力度不够。

（4）环保处置公司的问题。对于部分特殊的设施设备拆卸能力不足。

💡 **案例启示**

（1）应加大对国有资产管理的宣传力度，增强全体人员的国有资产管理意识。

（2）基建部门在对建筑物装修改造前及改造过程中，要加强与使用部门和国有资产管理部门的协调联系，避免误将在账资产作为建筑垃圾处理。

（3）资产使用部门应定期对所属资产进行盘点清查，清楚掌握资产使用及存放情况，情况发生变化时要及时在资产管理系统中变更信息，便于自身管理和国有资产管理部门监督。

（4）国有资产管理部门要严格资产入库审查，对于存在问题的要督促指导使用部门及时加以改正。

（5）对于一个合同中有多种不同类型资产的情况，应尽可能按照资产属性合理分类入库，不应图方便将一个合同内的资产录为一个名称的资产，给后续管理和处置造成困难。

（6）在装修改造项目立项时，申报立项的单位要同时考虑原有资产的报废处置问题。

（7）应进一步细化资产处置过程中处置公司和申请处置单位的职责，避免双方在处置实施过程因职责不清产生纠纷。

案例 59

固定资产公开处置的潜在风险及应对策略

📊 **案例描述**

某高校有一批废旧锅炉设备需要公开处置，经过聘请市场评估机构进行评估，这批锅炉的评估价为 11.3 万元。设备管理部门制定了严格的拍卖规则、拍卖工作流程，以评估价为底价组织了本批废旧锅炉设备的公开竞价拍卖工作。拍卖前，组织所有报名参加竞买的企业进行了现场踏勘，逐一说明了拍卖的标的物（地下地上管线等一并处置的资产并没有详细标注），但未明确说明可能产生的其他费用。公开拍卖当天，竞买企业逐一唱标，按"价高者得"原则，并经竞价拍卖评委会的一致同意，A 公司以 25.2 万元竞价成功。

A 公司竞价成功后，以现场踏勘没有听清楚拍卖标的为由，认为自己报价偏高，执意毁标。设备管理部门联系到竞价第二高的 B 公司，B 公司表示目前资金已投到其他项目，不愿意以 20.8 万元的竞标价作为本项目的买受人。由于新锅炉马上要进场安装，工作时间非常紧张，设备管理部门联络竞价排名第三的 C 公司，C 公司愿意以 17.6 万元的价格作为本项目的买受人。

案例分析

（1）A公司的问题。

①以没有听清楚拍卖标的为由，将多项本不在拍卖标的中的设备一同报价，中标后执意毁标。

②以最高价竞价成功，了解到报价第二高的公司与自己的报价相差大，可赚取的利润更多，不愿意继续完成本项目。

③A公司不遵守基本的职业规则，缺乏诚信，有故意扰乱市场秩序之嫌。

（2）B公司的问题。

是不想接此项目还是迫于压力不敢接此项目不得而知。

（3）学校的问题。

①前期踏勘现场对主要拍卖物都列出清单，对地下地上管线等一并处置的资产并没有详细标注，只是在踏勘现场时予以说明。

②对可能产生的其他费用（如渣土清运等）未明确说明，导致各公司在竞价成本核算时产生偏差。

（4）设备管理部门的问题。

①对于违约的条款设计有待细化和完善，要增加竞买公司的违约成本。

②对于竞拍规则的设定要更加缜密和完善。

案例启示

（1）组织工作需要加倍细致和严谨。

（2）在报名阶段要严格审核竞买公司营业范围等资质条件，选出符合要求的企业参加竞买。

（3）在工作文件中必须清楚明确地列出拍卖标的物的详细信息，包括型号、规格、数量以及附属设备、管线等，并附上每个设备的照片。

（4）组织好现场踏勘，如参加竞价的企业较多，一定分批分组踏勘现场，逐一查看拍卖标的物的现状，明确拍卖标的物。

（5）明确报价为一次性报价，项目报价要考虑竞价人履行服务承诺的全部成本，各项税费、保险、运费等。

（6）适当提高保证金的金额，竞拍成功后，以任何理由要求退出者，保证金不予退还，增加违约成本，使竞买公司规范操作。

（7）竞买成交者待拆除作业完成并验收合格后方可退还保证金。

案例 60

股权处置事项未向教育部备案

案例描述

2017年4月，A学校转让X信息产业股份有限公司股权（该公司多年未经营，处于亏损状态），转让价格为15万元，原始投资额为20万元，投资损失5万元。学校未聘请资产评估机构对股权转让进行评估，未向教育部进行备案；B学校注销其劳动服务公司等3家单位，注册资本合计66万元，因这3家单位注册资本未在学校长期股权投资账面反映，故注销时学校未进行账务处理。

案例分析与启示

（1）《行政事业性国有资产管理条例》第十九条规定："各部门及其所属单位应当根据履行职能、事业发展需要和资产使用状况，经集体决策和履行审批程序，依据处置事项批复等相关文件及时处置行政事业性国有资产。"集体决策和审批是基本要求。

（2）《教育部直属高等学校国有资产管理暂行办法》第三十二条："高校处置国有资产，应按照规定权限进行审核、审批或报备。未按规定办理相关手续，不得擅自处置。"高校应以严肃认真的态度，依法依规做好资产处置工作。

2.2.6　共享管理案例

案例 61

高水平的科研带动高质量的共享服务

案例描述及分析

2008年在国家科学技术部、教育部、北京市科委和Q大学共同支持下，Q大学北京电子显微镜中心进口了国内首台亚埃尺度分辨率的球差校正透射电子显微镜。

该设备的购置使我国在物质的原子尺度微观结构研究领域硬件条件达到了国际先

进水平。如何充分地发挥其在科研、教学、高层次人才培养以及新方法和新技术的推广等方面的作用，并获得高水平的研究成果成为该设备管理和应用团队的主要任务。在本领域的学术带头人，时任中心主任 Z 院士的带领下，中心专门制定了针对该设备的管理和使用制度。中心始终坚持"高水平的科研带动高质量的共享服务"的指导思想；在自身开展高水平前沿科学研究的同时为全社会提供高质量的共享服务；采取合作科学研究、委托测试、人员培训和人才培养等多种方式，以及共享服务机时优先等措施开展共享服务；采取责任教授和责任工程师专人负责制对其进行日常管理、维护和应用，以确保其长期保持高水平的运行状态。在完善的管理制度以及全体成员的努力下，该设备对我国科学研究和高层次人才培养发挥了重要的作用，连年获得"Q 大学大型仪器设备使用效益奖"一等奖和示范机组称号。迄今为止，该设备每年支撑国家级科研项目超过 50 项，包括"973"计划、"863"计划、国家自然科学基金重大项目等，所支撑的研究工作取得了具有相当影响力的研究成果，发表在 *Nature Communications*、*J. Am. Chem. Soc.*、*Physical Review Letters* 等国际高影响力的学术期刊上，一项科研成果入选 2011 年度"中国高等学校十大科技进展"，一项科研成果入围 2011 年度"中国十大科学进展"。一项科研成果被推荐为国家重大科学研究计划项目重大研究成果。

（1）该设备管理团队利用该设备发展了占位分辨 EMCD[①] 方法，其优势在于在纳米尺度能够定量测得复杂磁性材料的占位分辨磁结构，在纳米磁学、多铁材料、自旋电子学等领域具有广阔的应用前景。

（2）在该设备及其管理团队的支持下，用户发表在化学类顶级期刊 *J. Am. Chem. Soc.* 上的研究结果极大地拓展了催化剂设计的新思路。

（3）在该设备及其管理团队的支持下，用户发表在国际学术期刊 *J. Mater. Chem. A* 上的研究结果对于氧化物材料中缺陷结构的定量研究、高性能锂离子电池电极材料的设计和合成具有重要的价值。

（4）该设备有效使用机时每年都超过 2000 个小时。每年培训十余名人员（博士研究生、博士后以及在职研究人员）独立利用该设备从事科学研究工作。

💡 案例启示

《国务院关于国家重大科研基础设施和大型科研仪器向社会开放的意见》提出，对

---

① 电子能量损失磁手性二向色性。

于通用科学仪器设备，通过建设仪器中心、分析测试中心等方式，集中集约管理，促进开放共享和高效利用。从以上 Q 大学球差校正透射电子显微镜开放共享所取得的实际成效来看，高水平的科研带动高质量的共享服务，高质量的共享服务提升了科研水平的提升和科研成果的产出。同时，对于推动大型仪器设备开放共享的启示还在于以下几个方面。

（1）高端的设备需要配备高水平的应用和管理团队。

（2）在团队成员开展高水平科研的同时提供高质量的共享服务是一种科研水平与共享服务质量相互促进的良好运行方式。

（3）为全社会提供高质量的共享服务满足了科学研究对先进研究、先进方法、硬件设备和软件人力资源的需求。

（4）充分发挥了高端设备和相关人力资源的作用，为国家创新性科学研究提供了软硬件的支撑。

（5）提高了高端设备有效机时和研究成果的产出。

（6）技术培训方式的共享服务和研究生的培养对我国领域高端人才培养和新技术、新方法的推广提供了良好的支撑。

案例 62

24 小时开放、学生自主上机提高仪器设备使用效益

案例描述及分析

对于大型仪器而言，学校、实验室和学生都有对其进行高效开放服务的需求。同时，高效开放服务也是机组能够不断提高仪器使用效率和测试水平的保证。如何在保证仪器安全、稳定运行的同时，培养学生实践动手能力，不断完善仪器开放共享模式，使得大型仪器能够最大限度地为教学和科研服务，是大型仪器管理人员面临的首要问题。H 大学分析中心在核磁共振波谱仪的开放管理过程中，从硬件、软件、人员管理三个方面对大型仪器开放共享进行了探索和实践，实现了 24 小时开放，开放共享成效显著，在学生培养和仪器设备使用效益提升上实现了双赢，多次获得 H 大学大型仪器设备使用效益一等奖，并被评为示范机组。

（1）硬件设计和建设。

为了保证实验室的开放运行，在硬件上分析中心首先考虑到实验室的安全，设计了电子门禁系统。电子门禁系统是凭管理人员发放的磁卡刷卡进入，它和计算机连接，通过计算机可以实时有效地对进入实验室的人员状况进行记录和监控。这样既保证了实验室的 24 小时全天候开放，又可以确保实验室的安全管理，尤其是保证管理人员不在场情况下的实验室安全。对核磁共振波谱仪而言，安全稳定的运行是非常重要的。学生操作时最大的安全问题之一就是样品管在核磁共振波谱仪的探头中破裂。自动进样器的安装，从根本上避免了由于学生操作不慎致使样品管破裂造成污染而导致核磁共振波谱仪无法正常工作的问题。正是通过这些必要的硬件支撑，既建立起对学生的信任，又保证了仪器安全有效地开放运行。

其次，考虑使用服务器对整个实验室的数据进行管理。由于经常性测试每天会产生大量的数据，这些数据必须安全有效地传送到各个用户的计算机中，因此，设计了数据传输系统。通过搭建专门的数据传输服务器，采用 FTP[①] 传输的方式，保证了数据及时、安全地传输。同时，在设计的时候，考虑到核磁控制计算机的安全，我们采用单行数据传输方式，即数据只能传输到服务器上，服务器不能传输数据到核磁控制计算机，这样保证了仪器控制计算机的安全。与此同时，设立了专门的服务器，对开放机时网上预约系统进行管理，提高了预约系统的效率和稳定性。

最后，采用了备份服务器，保证了数据安全稳定。分析中心对门禁数据、数据服务器上的数据和开放机时网上预约系统的数据进行定期备份，保证了在发生意外情况下数据的安全和稳定。

（2）软件设计和制作。

不但开发建立了实验室开放网上管理系统，同时考虑到如果没有有效的软件管理，管理人员不得不花费大量时间和精力统计众多用户的机时使用信息。当用户较少时，这个问题并不突出，但如果仪器在较大范围内开放，用户较多时，就必须有高效的管理软件支持。为此，设计和制作了开放仪器共享系统，随着 H 大学网上仪器共享服务平台的建成，仪器开放共享的网络管理和服务功能已全部转移到学校的网络共享系统中完成，系统的功能包括如下几个模块，来保证仪器开放的稳定和高效。

①开放机时网上预约系统。长期以来，一直困惑分析中心的一个问题，就是仪器

---

① 文件传输协议。

的使用状况信息不能及时有效地传递给需要上机的学生，导致需要使用仪器的学生对仪器运行状况不明了，不能合理有效地安排自己的科研和实验。而对于分析中心而言，不得不花费大量的时间来处理预约电话，浪费了大量的时间，降低了工作效率和仪器的利用率。在这种情况下，设计开发了网上预约系统，学生称为"网络秘书"，通过它，帮助分析中心和上机学生进行有效的信息沟通。

网络共享系统设计了专门用于机组管理的接口界面。该接口可以添加和删除仪器，对上机学生进行身份认证和对违规学生进行账户封禁，而且提供了统计功能，可以对不同导师、不同时间段上机的学生情况进行统计。同时从使用者的角度考虑，设计了友好的用户界面，用户可以进行七天内的机时预约，取消预约时须至少提前两个小时。操作简单易行，并具有良好的扩展性和移植性。

通过机时预约界面，学生首先要进行实名注册，管理员根据学生的注册信息和该学生是否通过实验室上机考核，来确定该注册信息能否通过审核。如果审核通过，学生就可以进行机时预约。

在管理界面下，管理员不但可以进行仪器管理，比如仪器的添加和删除，同时可以进行学生注册信息的审核和用户权限的管理。通过学生是否通过考核来判断是否同意其注册。只有在通过注册以后，学生才能进行机时预约。而且管理员可以实时地对所有用户进行管理，防止有些没有经过培训的学生操作仪器造成仪器的损坏。同时，对学生进行动态管理，可以根据学生的表现来调整学生的使用权限。

经过十三年多的运行，有2000多名学生使用了该系统，稳定可靠，取得了良好的评价。解决了长期以来仪器使用情况信息交流不顺畅的问题。不但方便了学生，也在很大程度上减轻了工作人员的工作量，提高了工作效率及仪器的使用效率。

②用户信息记录和计费系统。结合核磁共振波谱仪提供的Linux操作系统，开发出用户机时管理系统，对上机操作的学生的机时自动进行准确记录。首先从Linux操作系统中读出用户的机时使用信息，然后将这些信息输入用户机时管理系统中，该系统将准确地对用户机时进行归纳统计，并且结合实验室开放基金网上管理系统，每个月对校内基金申请使用情况进行总结，并进行网上基金登记。各个课题组的老师可以在每个月清楚地看到自己的基金使用情况，如果老师有疑问，计费系统会给出详细的费用清单，及时通过E-mail将基金和机时使用情况通知课题组的导师。

（3）人员管理和制度建设。

无论软硬件如何好，最终使用的还是人。因此，要想做好大型仪器设备的开放使用最关键的还是人。加强培训、管理，提高相关人员的素质是非常重要的，特别是仪器管理人员自身的素质。在这方面，分析中心不但充分利用各种机会向生产仪器的厂家和国内外同行学习，获取宝贵经验，而且通过连续的文献调研，及时了解相关领域的国际前沿动态，开阔科研视野，学习和掌握最新的方法与技术，应用于实际工作中。通过不懈努力，迅速地提高了相关人员的实验技术和水平，从而很大程度上提高了仪器的使用效率和服务水平，为仪器的开放运行提供了有力的技术支持。

💡 案例启示

（1）学生的能力素质有较大差异，大型仪器的使用培训要因材施教。对学生进行上机培训和逐人考核的方式，使程度不同的学生逐步掌握上机操作。具体措施如下：①及时培训。根据学生申请情况，到一定人数后及时安排培训。②加强预习环节。现在的学生有着非常好的计算机应用技能，根据这一情况，分析中心制作了详细清晰的带有声音讲解的PPT文件，让学生通过网络下载，在进入实验室之前进行预习，使得学生在上机之前已经比较清楚地了解仪器的性能、操作步骤以及操作注意事项等。③互帮互学。当学生进入实验室进行培训时，由于实际情况和PPT文件十分接近，学生均反映容易上手。虽然学生具有很强的模拟学习能力，但程度不一、接受能力有差异，在培训时，分析中心优先指导掌握得比较快的学生，然后通过他的传帮带，再逐步地教会其他学生。这样，不但节约了时间，而且鼓励学生主动学习，提高了他们的积极性，营造成一个良好的学习氛围。④严格考核。对学生逐一进行上机考核，对所有的学生都严格要求。⑤补充辅导。即使是已通过考核的学生，上机时或多或少存有一定细节上的问题，分析中心随时作详细解答和辅导。

（2）通过培训后让学生自己上机操作的做法已坚持了八年多，这种做法不但进一步培养了学生的动手能力，而且激发了学生对科研和教学的兴趣。与此同时，上机操作不再受工作人员上下班时间的限制，做到了24小时开放，既提高了仪器的利用率，又保证了实验室最大限度地完成教学和科研的任务。目前这种实验室管理模式，已经和国外先进的实验室管理模式初步接轨，老师和同学们对这种尝试给予了充分的肯定和很高的评价。

2.2.7 效益管理案例

案例 63

以绩效考评为手段，加强校级公共平台建设

案例描述

根据 M 高校关于校级科学仪器公共平台（以下简称校级公共平台）管理的规定，校级公共平台需每年组织开展绩效考评。2015 年，M 高校 S 部门作为校级公共平台的管理部门，组织开展了 5 个校级公共平台的绩效考评，并根据绩效考评结果发放考评补贴（共计 200 万元）。各平台所得到的绩效补贴共由两部分组成：评审打分和校内服务量，各占 50%。

评审打分由平台自评和校级评审两部分组成。平台自评是由校级公共平台自行组织学术委员会进行评分，于年中进行，所得分数以 30% 权重计入年底考评得分。

校级评审由 S 部门负责组织，于年末进行。由各校级公共平台按照绩效考评指标体系汇报本平台当年的建设情况，各校级公共平台专家组根据建设情况进行评分，其中绩效考评指标体系涵盖公共性、科研能力、管理机制、队伍建设、平台特色 5 个一级指标以及 13 个二级指标。专家组成员由各校级公共平台学术委员会和校级公共平台大用户代表组成，并且在选择校级公共平台大用户代表时充分考虑用户的学院分布和学科方向，使大用户代表可以尽可能覆盖更多的院系和学科方向，以充分体现用户评分的客观和公平。

由于校级公共平台的主要职能应为服务本校的教学科研工作，故首先满足校内测试和科研工作需求。因此，校内服务量也是计算考评补贴额度的另外一个重要依据。

2015 年 S 部门对 A、B、C、D、E 五个平台的具体考评结果如表 2-1 所示。

表 2-1　　　　　　　　　　2015 年各平台考评结果

平台名称	期中测评得分	期末测评得分	A（万元）	对内服务（万元）	对内服务所占权重（%）	B（万元）	最终绩效=A+B（万元）
A	93.2	91.6	20.27	242.00	14.06	14.06	34.33
B	95.0	91.6	20.39	769.20	44.67	44.67	65.06
C	92.4	94.4	20.64	383.50	22.27	22.27	42.91
D	81.6	88.6	19.04	26.90	1.56	1.56	20.60
E	94.8	87.0	19.66	300.30	17.44	17.44	37.10

案例分析

校级公共平台是以教学科研需求为指引，经科学论证与统筹规划，通过学校集中投资或有效的资源整合建设形成的大型科学仪器群，是培养创新型、复合型领军人才和开展高水平科研工作、抢攻科学前沿的关键条件。充分发挥平台资源优势，提高运行管理效率，实现学校投资效益始终是一线科研人员和职能管理部门共同追求的目标。为促进平台各项工作的科学化、规范化与公开化，该高校引入绩效考评机制，增进平台间的相互了解，确保学校投资效益的充分发挥。此举对于平台的经验积累、工作改善、决策参考、责任约束、公众监督等方面具有重要作用。

案例启示

绩效考评指标体系的搭建旨在以考评为导向，加强学校公共支出管理理念，建立责任机制与学习机制，增进师生及公众对校级公共平台的了解和监督，增强平台效益评价的可操作性，提高平台建设与运行管理的规范性、公正性、科学性和经济合理性，确保学校投资效益的充分发挥，从而推进平台建设的深入可持续进行。

（1）绩效考评制度是对平台进行科学、规范管理的重要体现。科学的绩效考评指标体系的搭建为平台考评提供了重要依据。对平台建设情况进行定性和定量综合考评，既使绩效考评更具可操作性和规范性，也将现代化科学管理理念融入平台管理的总体架构之中。

（2）绩效考评为校级公共平台提供了一次"回头看"的机会。各平台可根据考评结果认识自身的差距和不足，取长补短，完善管理机制，寻找平台后续发展的落脚点和着力点。

（3）通过绩效考评可使平台更加明确用户的需求。学校采取了同领域专家和用户代表评议的机制，使绩效考评结果可充分反映出用户的直观感受，也使平台管理人员更加明确服务对象的科研需求，有的放矢地提升自身服务能力，有侧重地推进和加强平台建设。

（4）绩效考评为管理部门提供了宝贵的政策支持。通过绩效考评、以评促建，可使管理部门发现平台建设的"短板"，针对运行管理中暴露出来的问题，制定相应的对策和办法，推动平台建设走向更高的发展水平。

案例 64

大型仪器设备使用效益较低

📊 **案例描述**

　　2015—2017 年，某高校每年均存在大型仪器设备使用未达到标准机时的情况，且部分大型仪器设备全年使用机时为 0。具体情况如下：2015 年未达标准机时 58 台，占比 40.85%；2016 年未达标准机时 28 台，占比 18.42%；2017 年未达标准机时 26 台，占比 16.67%。

📊 **案例分析与启示**

　　《教育部直属高等学校国有资产管理暂行办法》第十五条，"高校对校内长期闲置、低效运转的资产，应进行调剂，提高资产使用效益"；第十二条，"国家没有规定配置标准的，应当加强论证，从严控制，合理配置"。

　　《国务院关于国家重大科研基础设施和大型科研仪器向社会开放的意见》明确指出，对科研设施与仪器开放效果差、使用效率低的管理单位，科技行政主管部门会同有关部门在网上予以通报，限期整改，并采取停止管理单位新购仪器设备、在申报科技计划（专项、基金等）项目时不准购置仪器设备等方式予以约束。对于通用性强但开放共享差的科研设施与仪器，结合科技行政主管部门的评价考核结果，相关行政主管部门和财政部门可以按规定在部门内或跨部门无偿划拨，管理单位也可以在单位内部调配。科技行政主管部门、相关行政主管部门要建立投诉渠道，接受社会对科研设施与仪器调配的监督。

　　推进大型仪器设备的开放共享既是科技部近年来着力推动的一项重要工作，也是高校仪器设备管理部门的责任所在。

2.2.8　出租、出借管理

案例 65

房屋出租未按规定报批报备或报备未通过

📊 **案例描述**

　　2008—2014 年，H 高校累计发生房屋对外出租业务 44 笔，累计对外出租房屋 28394.04 平方米，租金收入 2060.48 万元，均未按规定报批报备，累计账面金额 7803.75 万元。

J 高校对外出租 43 处房屋（面积合计 18279.83 平方米），因房屋多数没有房产证和查不到原值，向教育部报备时教育部未予备案，之后学校未再上报。另有 21 处出租房屋（面积合计 5054.35 平方米，原值合计 254.94 万元），因学校决策材料形成时间与房屋出租合同签订时间相隔过长，报教育部备案未获通过。

案例分析与启示

上述事项违反了《教育部直属高等学校国有资产管理暂行办法》"高校利用固定资产、无形资产对外投资、出租、出借，单项或批量价值（账面原值，下同）在 500 万元以下的，由高校审批后 10 个工作日内将审批文件及相关资料报教育部备案，教育部审核汇总后报财政部备案；单项或批量价值在 500 万元以上（含 500 万元）至 800 万元以下的，由高校审核后报教育部审批，教育部审批后报财政部备案；单项或批量价值在 800 万元以上（含 800 万元）的，由高校审核后报教育部审核，教育部审核后报财政部审批"的规定。

案例 66

房屋和设备由多部门对外出租，且未履行书面授权

案例描述

2008—2014 年某高校共发生房屋对外出租业务 44 笔，其中累计 42 笔未按规定公开招租，累计面积 16998.04 平方米，累计账面金额 5353.75 万元，租金收入 726.68 万元；其中有 40 份"租赁协议"是由后勤集团或其下属单位对外签订，累计对外出租房屋面积 12998.04 平方米，累计收到租金收入 566.68 万元。2008—2014 年学校共发生设备出租业务 7 笔，其中有 5 笔"租赁协议"是由外国语学院对外签订，学校累计收到租金收入 6.92 万元。以上出租事项未见学校书面授权后勤集团或其下属单位、外国语学院代表学校签订出租合同。

案例分析与启示

上述事项违反了《行政事业单位内部控制规范（试行）》第五十四条"单位应当合理设置岗位，明确合同的授权审批和签署权限，妥善保管和使用合同专用章，严禁未经授权擅自以单位名义对外签订合同……"的规定。

案例 67

房屋租金定价无依据

案例描述

Z 高校对房屋租金定价未制订相应的管理制度，租金主要是根据房屋面积、地理位置及相关服务内容与承租方商议确定，未履行集体决策，存在房屋租金长期无变化的情况。W 高校 24 处房屋出租时既未公开招标，也未进行资产评估，涉及面积 5609.16 平方米。

案例分析

上述事项违反了《教育部直属高等学校国有资产管理暂行办法》第二十四条"高校国有资产出租，原则上应采取公开招租的形式确定出租的价格，必要时可采取评审或者资产评估的办法确定出租的价格"和《中央级事业单位国有资产使用管理暂行办法》第三十四条"中央级事业单位国有资产出租，原则上应采取公开招租的形式确定出租的价格，必要时可采取评审或者资产评估的办法确定出租的价格……"的规定。

案例启示

教育部等上级主管部门严格控制高校房屋的出租、出借行为，原则上应自用，确有条件出租、出借，一定要按照规定程序及要求办理。

案例 68

房屋租赁合同期限超出 5 年

案例描述

某高校后勤集团签署的房屋租赁合同中，有 1 笔合同租期超过 5 年，系后勤集团于 2008 年 4 月与某理发店签署的房屋租赁合同，出租时间为 2008 年 4 月至 2018 年 4 月，合同期限 10 年。另一高校出租学校 3 处房屋，出租合同期限超过 5 年，还有一处长达 25 年，涉及面积 2534.75 平方米。

案例分析

上述事项违反了《中央级事业单位国有资产使用管理暂行办法》第三十四条"中央级事业单位利用国有资产出租、出借的，期限一般不得超过五年"的规定。

案例启示

房屋租金受到市场价格波动比较大，房屋租赁合同应设定合理期限，既体现公平也保护合同双方利益。建议清理房屋出租不合规事项，规范出租、出借公房程序及期限。

案例 69

对外投资、出租收益未纳入学校预算统一核算和管理

案例描述

某高校 A 2008—2014 年各年投资公司合并报表显示均有盈利，但投资公司从未向学校上缴利润，学校也未将相关投资收益纳入预算统一核算和管理。2008—2014 年，学校出租、出借收益 2968.48 万元，其中 70.75 万元未纳入学校预算统一核算和管理。某高校 B 授权学校科技园公司出租学研中心、科贸楼、校产楼等多处房屋，房租由科技园公司收取并按年上缴学校。2018—2020 年，科技园公司尚有税后房租收入 482.19 万元未上缴学校。

案例分析与启示

上述事项违反了《中央级事业单位国有资产管理暂行办法》第二十二条和《教育部直属高等学校国有资产管理暂行办法》第二十八条"高校对外投资收益以及利用国有资产出租、出借和科研成果形成的无形资产等取得的收入应当纳入学校预算，统一核算，统一管理"的规定。

学校对外投资收益要纳入学校预算收入，不应在学校"体外循环"。

案例 70

某高校房屋出租纠纷案

案例描述

某教育部直属高校有临街门面房 20 间，共计 860 平方米，但该部分临街门面房学校并未办理房屋产权证书。学校将此部分临街门面房交由学校的资产经营公司对外出租，出租收益每年约 400 万元人民币，直接留存在经营公司作为公司的经营收入。2015 年，教育部组织国有资产管理专项检查，认为学校违规出租国有资产，未履行报批报备手续，出租收益亦未纳入学校预算统一管理。2015 年年底，有 3 间门面房租赁合同到期，学校决定不再续租。但租赁该部分门面房的汽修厂不同意搬迁，认为自己房屋装修费用尚未收回，要求继续承租，并声称学校属于违规出租房屋应赔偿承租者的经济损失。因此，学校与汽修厂之间产生纠纷。

案例分析

（1）汽修厂的问题。

①汽修厂与学校的租赁合同已经到期，仍然拒绝搬迁，强行要求续租，此行为缺乏法律依据。

②汽修厂指责学校违规出租房屋而给承租者造成经济损失的说法没有依据。虽然学校出租房屋确实未履行相关报批报备手续，但在租赁期内并未实际影响汽修厂的经营活动。承租人在租赁期内没有收回房屋装修费用或其他经营成本应属其经营问题，与学校出租房屋是否履行相关手续无关。

（2）学校的问题。

①学校出租门面房应属于国有资产出租，没有按照《中央级事业单位国有资产管理暂行办法》和《教育部直属高等学校国有资产管理暂行办法》的相关规定履行报批报备手续。

②学校直接将门面房交由学校资产经营公司出租，出租收入留存在资产经营公司作为经营收入的做法违反了"中央级事业单位对外投资收益以及利用国有资产出租、出借等取得的收入应当纳入单位预算，统一核算，统一管理"的规定。

③学校的门面房并未办理房屋产权登记，未取得房屋产权证书就对外进行出租，

该房屋租赁行为确实存在问题。

案例启示

（1）学校出租国有资产，应该严格按照《中央级事业单位国有资产管理暂行办法》和《教育部直属高等学校国有资产管理暂行办法》的相关规定履行相应的报批报备手续。能否对各门面房的出租活动进行独立审批和报备，应听取主管部门的意见后再依据具体情况决定。

（2）实践工作中，经常由学校的资产经营公司出面来进行一些国有资产出租活动。但应注意的是，从法律关系上来讲，是学校委托资产经营公司代为出租，其出租收益仍然应属于学校，必须纳入学校预算统一核算，统一管理。

（3）学校出租国有资产过程中，一定要注重租赁合同的规范、严谨。出现纠纷应果断处置，及时处理，防止纠纷扩大。

案例 71

校园经营性房屋租赁引发的思考

案例描述

某大学新校园对大学生服务中心楼进行经营性租赁，包括书店、水果店、理发店、超市、复印店、快递店等 14 个标段 32 个包。由于本项目参与的投标单位多（报名 353 家，递交投标文件 282 家），现场人数达 400 余人，且投标单位大多为个体户经营者，无投标经验，出现以下问题：

（1）投标截止时间为上午 9：00，某单位到场时间为 9：10，按招标文件要求，逾期送达的投标文件不再接收，此单位用尽各种办法甚至威胁学校要求收下投标文件。

（2）现场唱标时，个别单位报价书写不规范，大小写不区分，某单位报价为 50 元，唱完标解释少写了"万"字，应为 50 万元，要求现场修改，被拒绝，引起此单位不满后大闹现场。

（3）评标阶段因投标文件多，评委工作量大，评标工作进行了两天一夜共 38 小时，工作人员全部移至评标室协助评委，而评标第一天 14 时许，原件还未核验完毕，投标单位暂不能离场，投标单位开始闹情绪；发二次报价表时，某单位带头煽动其他单位大闹现场，场面一度失控，严重干扰招标工作正常进行，工作人员对其劝说无效后遂报警，派出所同志出面平息。

案例分析

（1）投标单位问题。

①大多为个体户经营者，无投标常识，对招标文件要求没有认真研究，以至于出现逾期送达及要求现场改价的行为。

②没把评标当作严肃的事情，以为唱完标就该根据价格确定中标单位了，错误地认为投标文件不用评审。

（2）招标代理公司问题。

①工作人员安排不合理，评标阶段工作人员全部转移至评标室，协助评委，开标室未留下工作人员维护秩序，没顾及投标单位因等待时间长而产生的烦闷情绪。

②出现问题时虽积极解决，但面对突发事件，准备不足，没有应急方案。

③人员配备不充分，虽然开标前进行了大量准备工作，调集了公司大部分工作人员，但现场还是出现诸多问题。

案例启示

（1）招标文件应适当提高投标资格条件，既达到充分竞争，又避免投标人过多，开标、评标时间过长。

（2）大项目应做充分准备，包括安保工作，制订各类突发事件的应急方案等。

（3）如果大部分投标单位都没有投标经验，应召开标前预备会，向投标单位详细解释招标文件，提醒其注意有关事项。

案例 72

资金出借未按规定报批报备

案例描述

2008—2014 年某高校累计出借资金 5 笔，累计金额 3656 万元。其中，2008 年 1 月该校出借给某校办工厂（后改制更名为 B 公司）资金 65 万元，2008 年 2 月该校出借给某校办工厂资金 100 万元，2008 年 9 月该校出借给投资公司资金 260 万元，2009 年 7 月该校出借给投资公司资金 3131 万元，4 笔出借履行了学校集体决策；2009 年 1 月该校出借给某研究院 100 万元履行了分管校长签字审批。上述借款均未报教育部审批。

案例分析与启示

上述事项违反了《教育部直属高等学校国有资产管理暂行办法》"高校利用货币资金对外投资 50 万元（人民币，下同）以下的，由高校审批后 10 个工作日内将审批文件及相关资料报教育部备案，教育部审核汇总后报财政部备案；50 万元以上（含 50 万元）至 800 万元以下的，由高校审核后报教育部审批，教育部审批后报财政部备案；800 万元以上（含 800 万元）的，由高校审核后报教育部审核，教育部审核后报财政部审批"的规定。

案例 73

出租收入学校未应收尽收

案例描述

2017 年，学校与资产经营公司签订租赁协议，将 X 校区 1S 处面积合计 1217 平方米的房屋，按每年 167.17 万元出租给资产经营公司。实际执行过程中，学校采购招标办公室采用公开招租的方式确定房屋最终承租方，承租方与资产经营公司签订租赁协议，向资产经营公司支付租金，租赁价格每年 245.57 万元。截至 2018 年 6 月，承租方共拖欠资产经营公司租金 50.68 万元。

案例分析与启示

《行政事业单位内部控制规范（试行）》第二十六条："单位的各项收入应当由财会部门归口管理并进行会计核算""业务部门应当在涉及收入的合同协议签订后及时将合同等有关材料提交财会部门作为账务处理依据，确保各项收入应收尽收，及时入账"。

案例 74

资产出租未履行报批报备手续

📊 **案例描述**

2017 年，某高校将体育运动中心平台下方约 2000 平方米场地提供给 X 体育文化传播有限公司使用，该公司每年向学校支付管理费和能源使用费 20 万元，协议期限为 5 年。该行为已构成局部房屋出租，出租价格未采取公开招租等方式确定，也未经校级会议决策并报批报备。

某高校未履行备案或审批程序对外出租房产 89 处，共取得租金收入 2969.42 万元，涉及房产总面积 20851.38 平方米，资产价值 6581.74 万元。其中，88 处资产价值低于 500 万元的房产未按规定报教育部备案，1 处资产价值 617.75 万元的房产未按规定报财政部审批。

📊 **案例分析与启示**

《教育部直属高等学校国有资产管理暂行办法》第二十二条规定："高校利用固定资产、无形资产对外投资、出租、出借，单项或批量价值（账面原值，下同）在 500 万元以下的，由高校审批后 10 个工作日内将审批文件及相关资料报教育部备案，教育部审核汇总后报财政部备案；单项或批量价值在 500 万元以上（含 500 万元）至 800 万元以下的，由高校审核后报教育部审批，教育部审批后报财政部备案……"

学校出租、出借资产事项，应严格按程序履行资产出租、出借手续。

案例 75

校外企业无偿占用学校资产

📊 **案例描述**

2012—2017 年，X 体育文化发展有限公司在为某高校游泳馆有偿提供救护、设备维护、保洁和安全值守服务期间，利用学校游泳馆场地办班招收游泳学员并收取费用，但学校未向该公司收取场地使用费。B 公司使用游泳馆旁约 40 平方米的房屋售卖游泳水上用品，学校也未收取任何费用。

2019 年，某高校未经校长办公会审批，也未通过公开招租，无偿为校外单位提供 110 平方米场地用于经营书店；2020 年，未经校国资委和校长办公会审批，无偿为校外单位提供场地用于安装经营 4 台快递柜。

📊 案例分析与启示

《教育部直属高校经济活动内部控制指南（试行）》中"第 5 号——收入管理"第三条："应定期或不定期地检查收入实现情况，建立收入管理责任追究制度，确保各项收入应收尽收。"

学校应严格执行房产出租、出借的相关管理办法，加强对重大经济事项的决策管理，严禁未经审批出租、出借房产。

2.2.9　综合管理

案例 76

加强高校国有资产综合管理

📊 案例描述

某高校针对国有资产管理存在问题及薄弱环节，健全学校国有资产管理机制体制，建立完善国有资产管理规章制度，加强国有资产重点环节管理，规范校办企业国有资产监管，确保国有资产安全完整，防止国有资产流失，实现国有资产保值增值，提高国有资产使用效益。

🔍 案例分析

（1）建立国有资产统一管理机制体制。学校国有资产实行"统一领导，归口管理，分级负责，责任到人"的管理体制。成立国有资产管理委员会，对全校国有资产实施统一管理。委员会下设事业资产管理与经营性资产管理两分委会，分别负责学校事业资产和经营性资产重要事项的决策。

（2）推进国有资产归口管理职责落实。财务、资产、科研、基建、后勤、图书、产业等资产归口管理部门，按资产的不同形态和分类对国有资产实施归口管理，严格按照规定的管理范围和权限，切实履行国有资产管理职责，规范国有资产管理各类事项审批行为。

（3）建设国有资产管理三级文件体系。制定出台国有资产管理一级文件《××大学国有资产管理暂行办法》《关于加强国有资产管理的若干意见》，二级文件《××大学国有资产管理工作规程（暂行）》，各归口管理部门分别制定相关管理实施细则，确保学校各类资产各个环节的管理均做到有章可循，有规可依。

（4）加强事业资产重点环节规范管理。对出租出借、对外投资等使用事项，报废报损、出让转让、对外捐赠等处置事项进行严格规范管理，按上级部门要求履行报批报备手续。通过建设大型仪器设备开放共享平台、推进教学科研单位公共有偿使用等措施，盘活存量资产、深入挖掘潜力，着力提高国有资产使用效益，实现国有资产保值增值。

（5）加强校办企业国有资产监督管理。按照"事企分开、管办分离"的原则理顺校办企业体制，以产权和资本为纽带，将校办企业监管统一纳入国有资产管理体系。校办企业做好各项基础事项管理工作，依法合规开展经营活动。统筹产业布局优化及调整，坚持"有所为、有所不为"的原则，对于长期亏损且扭亏无望、投资无回报的企业，有计划、有步骤地逐步撤出投资。

（6）提高国有资产管理人员队伍素质。根据管理实际需要，逐步引入财会等专业人员充实资产管理队伍，聘请注册会计师、审计师、资产评估师等专业人员以兼职形式参与学校资产管理工作。同时，加强对资产管理队伍的培训，特别是加强新政策、新规定的培训，提高队伍业务素质和管理水平。

案例启示

（1）机制体制建设是基础。要严格按照国家和上级部门规定，对全校国有资产进行统一管理，要建立健全国有资产各级各类规章制度和实施细则，确保国有资产管理工作无遗漏、无死角。

（2）使用和处置管理是关键。国有资产使用和处置是国有资产管理的关键领域，要严格按照国家、上级部门和学校规定，做好审核审批、评估鉴定、收入上缴、报批报备等工作，杜绝权力寻租和利益输送，防止国有资产流失。

（3）校办企业监管是重点。校办企业国有资产监督管理是高校国有资产管理的薄弱环节，要理顺校办企业国有资产管理体制，依法合规开展经营活动，对于经营状况不佳的要适时撤出，确保学校出资人合法权益。

（4）人员队伍建设是保障。近年来，高校资产规模日益增大，国家对高校国有资产管理也提出了许多新的要求。打造一支业务精湛、专兼结合，会管理、敢管理的专业化资产管理队伍成为加强学校国有资产管理工作的重要保障。

案例 77

高校固定资产分类方法应用

📊 案例描述

某高校每年购置大量教学科研仪器设备资产，资产的入账由使用单位老师通过数字化校园实名制登记，仪器设备按教育部 16 类和财政 6 大类进行分类。再到财务核销，每年根据财政和教育部要求上报数据。

后期资产上报和财务对账，按资产分类统计，往往有很大出入，最后须通过人工调整，影响统计结果和后期资产折旧。

🔍 案例分析

（1）学校资产入账方式的问题。①因学校通过数字化校园实名制登记资产，对资产分类理解不同，因主观因素造成的选择偏好，使同类资产采用了不同分类。②采购的资产在国标分类中没有完全匹配的名称，造成随机采用不同分类编码。③资产管理部门具体入账验收人员对不同资产分类理解不同，造成同类资产分类不同。

（2）各种资产分类编码自身问题。高校新增资产具有产品品种多、价格昂贵、技术领先等特点，一些资产已经超出原资产分类目录范围，过去的分类办法已不能满足当前管理的需要。原有的资产按资产属性和使用方向划分，有些分类不够科学和准确。教育部高教司编制《高等学校固定资产分类及编码》（2002 年修订）采用的 16 类分类代码，至今已用 20 多年，一些新型设备已很难找到具体的分类。教育部现行资产分类代码符合高校教学科研工作的特点，与财政部资产分类相比，分类更细致、更清晰、更全面，对于高校内部固定资产规范科学管理起到了积极的作用。面对财政部关于 6 大类的最新要求，高校设备通过代码转换后在国标代码系统中很难找到细分的对应关系。

（3）资产部门分类与财务部门资产分类的问题。资产管理部门按教育部资产分类 16 类和财政部资产 6 大类进行资产分类，在财务入账核销环节，财务部门资产分类标准与财务人员入账，造成资产分类差异。

案例启示

（1）资产管理部门验收人员，审核验收要有经验，资产分类一定要明确仔细。

（2）建立学校常用资产分类表，供教师入账使用。

（3）新购资产，如果分类不明确，资产管理部门须统一。

（4）资产管理部门与财务部门须统一资产分类。

（5）建立了教育部资产分类16类与财政部资产6大类对照关系；固定资产编码应遵循以下五项原则。

①系统性：编码组织具有一定的系统性，便于分类和识别。确定设备分类代码时，应选此设备最稳定的性质作为主属性来划分大类，并通过设备名称里体现出来的其他属性进行排序，依次确定小类。同时构建一个属性优先级的分类规则，可获得一个稳定且系统的分类体系。

②可延性：编码便于追加，且追加后不会引起体系的混乱。分类体系里能容纳还未出现的新设备，并能很好地融入现有的分类体系。要求分类规则具有一定的可延性，可根据未来需求随时增加设备分类，提高分类代码的有效性。

③行业性：高校的设备应能体现出高校办学的行业性，根据涉及专业的主属性进行有特色的设备分类，充分体现出高校的特点。

④兼容性：新的分类体系应兼顾所属单位的属性，与现有的分类代码协调一致。通过一定的转化规则，旧的分类代码应该能顺利转成新的代码。

⑤综合实用性：编码便于使用，容易记忆。分类能从系统工程的角度出发，把局部问题放在系统中考虑，既兼顾个别设备分类的特殊性，又满足整体分类的系统性。在满足设备管理信息化的前提下，实现系统最优化。

案例 78

优化管理流程，完善监督机制

案例描述

A 高校针对本校采购项目特点，招标采购管理工作中采取了如下具体措施和程序。

（1）询价公示。目前 A 高校采购金额为 10 万~20 万元的项目执行询价采购，具体操作由项目负责人自行组织调研。由于广大教职工缺少专业的采购知识，所采购的货物多伴有研发设计，竞争不充分，容易形成小范围采购，形成采购管理的盲区，降低了学校资金使用效率。

依据相关法律法规，结合 A 高校询价采购管理现状，为规范询价采购行为，加强对采用非招标采购方式的采购活动的监督管理，维护学校利益，国有资产管理处建立询价公示制度，由项目负责单位组织调研，编制询价报告，3 人以上参与，相关询价材料通过校园网对社会公开，公示期为 5 个工作日，无质疑方可签订合同，同时国有资产管理处对拟选择供应商的资质进行备案。

截至 2016 年，该制度执行两年，共发布 900 余份询价公告，受理对询价公告的质疑 3 起，均已妥善处理。执行询价公告制度，利用信息公开的手段，打破执行方的封闭式采购环境，询价采购管理规范化、依靠全校及全社会人员监督力量，对学校大金额非招标项目进行监督，使询价采购执行过程中的价格不透明、询价范围小等问题得到解决。

（2）二次公示。A 高校采购政府采购目录（国有资产管理处网站可查）内的货物、工程及服务项目由国有资产管理处转呈中央国家机关政府采购中心组织招标，采购政府采购目录外限额以上的货物、工程及服务项目由国有资产管理处委托招标代理公司组织招标，采购目录外、限额以下的项目由国有资产管理处组织招标。

校内招标项目金额没有达到公开招标额度，执行周期比较短、便捷高效，填补了限额以下的项目采购管理空缺，但是由于上级相关的管理办法并未涉及这类项目，学校在操作上具有较大的灵活性，在执行过程中容易出现不规范行为，特别是开标条件、开标程序上，学校具有很大的操作空间，在学校各类检查、审计过程中，也被多次提及。

鉴于此情况，国有资产管理处建立招标二次公示制度，即所有不满足开标条件的项目，参照达到公开招标额度项目的操作模式，进行二次公示，延长招标信息的公示时间，避免投标人不足、竞争不充分的情况出现。等待二次公示结束，未有人质疑，完成项目审批后，执行开标程序。

（3）材料验收。为进一步完善学校的国有资产管理，加强学校的材料和低值易耗品的科学管理及妥善使用。2014 年，国有资产管理处对材料验收进行规范，建立材料验收制度。明确定义了材料、低值易耗品的范畴及不同金额材料采购项目验收方式，规范了材料验收、报销的整个流程。

材料、低值易耗品应根据实际工作需要及经费预算内容进行购置，购置完成后及时组织验收。单次采购1万元以下的材料、低值易耗品由项目负责单位自行组织验收，超过1万元（含1万元）的须填写"A高校材料验收单"，作为财务报销依据。其中单次采购1万元以上（含1万元）10万元以下的，由项目负责单位组织至少3名技术专家进行验收，编制验收报告留存照片凭证。单次采购10万元以上（含10万元）的经国有资产管理处审查验收。对于现场试验消耗掉的材料验收还须提供试验方的接收证明。

材料验收制度明确材料验收第一责任主体，提高了学校的监督作用，规避了材料经费使用过程中可能存在的廉政风险。

📊 案例分析与启示

高校承担着教学、科研的双重任务，这就决定了高校的采购管理具有明显的行业特点，但是物资采购管理本身是一项严谨、专业性强的工作，高校作为社会的重要组成部分，不能孤立于社会法制之外，高校采购工作同样需要规范化管理。建立相互协作、制约的监督机制，能够有效避免采购过程中出现的问题。

上述措施，结合学校原有管理模式，形成了完整的管理和内控体系，将学校采购管理各个环节内容全部纳入制度监管。学校相关的规章制度适应了国家政策、学校实际情况的变化，使采购管理工作有据可依、有章可循。

2.3　其他管理案例

2.3.1　认定管理案例

案例79

固定资产认定中对"大批同类物资"的把握

📊 案例描述

某高校购置一批学生架床，单价850元，数量1000架，总价85万元，在登记固定资产时，购置单位认为固定资产登记标准已经调整到1000元，因此这批架床不应计入固定资产管理，学校资产管理部门对此类资产的认定找不到明确的依据。根据最新的《事业单位财务规则》第四十一条规定，固定资产是指使用期限超过一年，单位价值在 1000 元以上，并在使用过程中基本保持原有物质形态的资产。单位价值虽未达到规定标准，但是耐用时间在一年以上的大批同类物资，作为固定资产管理。但具体是多少可以算为"大批同类物资"，没有明确说明。

案例分析

这个案例反映的问题普遍存在于各个高校。在具体的日常资产认定中靠相关人员的经验判断。这样不利于资产统计口径的统一，也容易造成部分资产游离于固定资产的监管之外，造成资产流失。

某高校经过认真学习文件，总结资产认定经验，按照物资招标金额起点 10 万元作为"大批同类物资"的认定标准，并于 2014 年 2 月发布了《关于调整固定资产登记标准的通知》，在变更固定资产认定标准的同时将"大批同类物资"的认定标准统一规定为 10 万元，得到同行的一致认可。在日常实践中，资产认定人员有据可依，统一了标准，提高了效率，避免了资产的流失。

案例启示

在上级部门的文件没有明确标准依据的时候，要积极探索，总结经验，建立适合自身的标准，这样有利于具体工作人员的执行，也有利于统一数据统计口径。

2.3.2 权属管理案例

案例 80

高校固定资产管理权与所有权脱节的案例分析

案例描述

某高校在设备资产登记建账时，设备领用人即使用人多以购置时的经手人名义建账；而在登记设备管理部门时，由于采购设备的资金多以 PI[①] 的科研项目申请而来，设备采购没有经过系（室）负责人，设备资产管理单位就以 PI 为单位进行了账务管理，院系的设备管理层级慢慢形同虚设；日积月累之后，设备资产账中的使用单位、资产管理员、设备使用人与实际不符，而设备报废时又多因账（资产账）、物（设备实物）、

[①] 主要研究者，即对所负责项目有主导权的个体。

人（实际领用人）与实际管理与使用不符，从而无法销账，进而造成设备资产有账无物、有物无账、账物不符现象越来越严重。

为了从源头上解决上述问题，该高校根据学校固定资产"校、院、系（室）、人"四级管理模式，引进网络管理系统，将所有在账设备管理责任根据实际情况落实到了各个层级，即校级（行政职能部门负责）、院级（院级管理员负责）、系（室）级（系室管理员负责）、使用人（设备使用人同时是设备管理人）；资产建账、调拨、处置时均需要层层审核、监督管理。该校经过一年多的梳理，基本做到了资产管理"账账相符、账实相符、责任到人"。

案例分析

上述问题加重的主要原因是学校资产管理体系混乱，资产管理责任不清，资产使用权属不清。由于学校的固定资产产权归学校，其管理权归职能部处如设备处、资产处等部门，而实际使用又是院系、PI和行政部门，使得固定资产的产权、管理权、使用权分离，"三权"分离后学校又没有建立有效的管理手段将其联系起来，任其实物流动、占用、处置，一度濒临"谁都在管，谁都不管"的无序状态。

案例启示

（1）建立责任明晰的管理体制与机制。建立四级管理机制，第一级为校级，由行政职能部门代表学校行使对国有资产的有效管理，如财务部门、设备部门、后勤部门、图书馆等对使用部门所主管的固定资产进行账务管理和实物监管。第二级为院级，即学校各二级单位对其学院的所有资产进行监管，领导负有监管职责。第三级为资产的使用部门，主要以系（室）为单位，系（室）管理员主要负责本系（室）所有资产的账务、实物管理，履行建账、使用转移、处置审核等职能，其负责人对本系（室）的资产负有管理职责。第四级为使用人，使用人对其名下的资产负有管理、使用权，资产使用不当、丢失、损坏由其负责，如使用权转移时，由其与接收人、上级管理员共同负责完成。

（2）搭建公开、透明，相互配合、监督、制约的管理平台。利用先进的网络技术，建立层级清晰、责任明确的管理系统，将上述管理体制和机制落到实处。如该校建立了四级管理模式，将每台/件资产的管理权、使用权明确到每个系（室）、每个人，定期进行核对，如遇某人名下使用资产增加、变更、转移等，需要本人和上级管理员双重确认，职能部门审核才能完成，做到了相互配合与监督；如遇处置、产权转移等，需要通过院、校两级网上审核，杜绝了资产不清、丢失无人管理的情况。

（3）定期进行资产清查。通过网络管理系统，校、院、系（室）、使用人定期通过网络进行资产核对，如遇问题及时解决，尤其是使用人要定期查看资产实物，并与网上自己名下的资产账进行核对，一旦发现问题会及时与上级管理员取得联系，纠错、改错，保证了每台／件资产实物与进账时相符，进而保证了学校固定资产"账账相符、账实相符"。

案例 81

在京高校回购房产权变更实务与案例分析

案例描述

某高校由于历史原因，先后经历了迁校、回迁重新建校及隶属关系发生变化等情况，造成该校的房产情况比较复杂。

根据国家相关住房政策，该校于 20 世纪 90 年代初至 2000 年左右先后进行了数次房改售房。在分房工作中，该校依据职工的职务、职级、工龄等因素对原有房源进行了分配调整。该校在分房过程中，部分调整出来的单元房学校留用，未继续分配，但当时只是收回了相关单元房及房屋产权证，房屋产权未变更为学校，产权人仍然为原房主。2008 年该校以市场价回购的部分校内单元房也未办理产权变更手续。到 2010 年为止，该校有 150 余套单元房为学校使用但房屋产权尚未变更至学校名下。

2010 年 5 月北京限购政策出台以后，从北京市住房和城乡建设委员会（以下简称建委）查询上述单元房，房屋产权仍为个人产权，这影响该校职工购买第二套房产，造成个人损失；同时，对学校来说存在资产流失的风险。至此该校回购房产权变更工作变得日益紧迫和重要。

为切实解决回购房历史遗留问题，该校自 2012 年起积极推动回购房产权变更工作，目前已将 40 余套回购房变更为学校产权。

案例分析

（1）学校成本价回购房产权变更流程。

①学校与原房主签订单元房成本价回购合同。

②对回购合同进行公证，同时进行委托公证。

③向国管局房改办申请办理（已进行回购合同公证）回购房产权变更批复。

④国管局房改办批复后，去单元房所在区县房改办申请回购房产权变更批复。

⑤相关区县房改办批复后，去所在区县不动产登记中心办理产权变更手续。

（2）学校市场价回购房产权变更流程。

①学校按照市场价与原房主签订回购合同。

②对回购合同进行公证，同时进行委托公证。

③携带回购合同公证书及委托公证书去所在区县建委签订网签合同并缴纳相关契税、个人所得税、土地出让金等税费。

④去所在区县不动产登记中心办理产权变更手续。

（3）无法进行公证的回购房（成本价或市场价回购）产权变更流程。

①回购房（成本价或市场价回购）的公证需要原房主及其配偶的配合，对于已丧偶、离异或者配偶不配合公证的将无法进行回购合同及委托公证。

②只要原房主同意，原房主可以直接和学校房产部门去建委完成产权变更工作。

③原房主和学校房产部门直接去所在区县建委签订网签合同并缴纳相关契税、个人所得税、土地出让金等税费。

④去所在区县不动产登记中心办理产权变更手续。

案例启示

（1）房产回购工作政策性强，涉及学校、职工个人的相关利益。

（2）房产回购工作容易受到房价波动的影响，例如，在北京房价高涨的情况下，原房主不愿意签订回购合同或者合同签订后拒不履行产权变更手续。

（3）学校同职工在签订回购合同时必须进行合同公证及委托公证，相关公证完成后尽快启动产权变更工作。

（4）对于无法进行回购公证，同时原房主（出国、死亡、不配合等）无法去建委直接办理产权变更的情况，对于学校来说，存在资产流失的风险。

案例 82

产权转移资产挂账

📊 **案例描述**

某高校已拆迁房屋、已过户给个人的房改房仍在学校资产账和财务账上有所反映，金额合计 8770.9 万元。

📊 **案例分析与启示**

《高等学校财务制度》第四十二条："资产是指高等学校依法直接支配的各类经济资源。"第四十三条："高等学校的资产包括流动资产、固定资产、在建工程、无形资产、对外投资、公共基础设施、政府储备物资、文物文化资产、保障性住房等。"《教育部直属高等学校国有资产管理暂行办法》第十九条："高校应当对实物资产进行定期清查，完善资产管理账表和相关资料，做到账账、账卡、账实相符；对清查盘点中发现的问题，应当查明原因，并在资产统计信息报告中反映。"

此案例中已拆迁房屋、已过户给个人的房改房产权已经由学校转移到个人，仍在学校资产账和财务账上反映，属于资产信息不实。

案例 83

公租房产权不清晰

📊 **案例描述**

某高校公租房 691 套，其中 401 套共计 25455.6 平方米的房屋产权仍登记于教职工个人名下。2016 年 7 月 5 日，党委常委会第 118 次会议讨论了公租房出售事宜，邹某在会上提议理顺房产产权归属，会中有人提出产权在老师手上，不一定卖得掉，房管局也要变更，对此邹某建议找律师咨询，进行合法性审查。

📊 **案例分析与启示**

《教育部直属高校国有资产管理暂行办法》第十九条："高校应当对实物资产进行定期清查，完善资产管理账表和相关资料，做到联账、账卡、账实相符；对清查盘点中发现的问题，应当查明原因，并在资产统计信息报告中反映。"

案例 84

房屋产权证和土地使用权证未及时办理

案例描述

截至 2017 年 2 月末，某高校的房产共有建筑面积 1247073 平方米，其中未办理房屋产权证书的房产共涉及建筑面积 897251 平方米，占学校总房产面积的 71.95%。学校共有土地面积 2848221 平方米，其中未办理土地权属证书的土地面积 1880823 平方米，占学校总土地面积的 66.04%。另一高校，截至 2020 年 12 月 31 日，学校共有房屋建筑物 179 幢，建筑面积 611989 平方米，账面价值 204584 万元。其中 50 幢房屋建筑物未办理房屋产权证，建筑面积 34723 平方米，账面价值 14198 万元。

案例分析与启示

上述事项不符合《中华人民共和国城市房地产管理法》第六十条："国家实行土地使用权和房屋所有权登记发证制度。"第六十一条："以出让或者划拨方式取得土地使用权，应当向县级以上地方人民政府土地管理部门申请登记，经县级以上地方人民政府土地管理部门核实，由同级人民政府颁发土地使用权证书。"

上述事项也不符合《中华人民共和国民法典》第二百零九条"不动产物权的设立、变更、转让和消灭，经依法登记，发生效力；未经登记，不发生效力，但法律另有规定的除外"的规定。

学校应加强房屋建筑物的管理，尽快办理房屋产权证。

2.3.3 资产关联管理案例

案例 85

关联单位固定资产的管理

案例描述

某高校的附属学校（以下简称附校）采购一批管弦乐器，标的价为 80 万元，该批管弦乐器供附校自有乐团和附校投资成立的培训学校（独立法人）开展相应培训和演出使用。附校校长办公会纪要中明确，采购该批管弦乐器的费用由附校和培训学校按照 6∶4 分别承担，管弦乐器由双方共同管理。

乐器采购委托招标代理公司通过招标方式完成，由附校向招标代理公司出具书面委托函，中标金额为 75.3 万元。

为确保固定资产账实相符，附校和培训学校无法严格按照会议纪要中 6∶4 的比例分担费用，而是根据乐器的单价，以尽量接近该比例的方式承担，最终附校承担 44.8万元，培训学校承担 30.5 万元，由供应商分别开具发票，相应乐器分别计入双方的固定资产。

附校自有乐团和培训学校的乐团作为该批管弦乐器的使用者，使用该批乐器时分别执行附校或培训学校的资产借用程序。该批乐器使用不到一年已出现磕碰和音准等方面的问题，资产管理部门并未在归还时严格验收，也未收取赔偿或处罚款。

案例分析

（1）附校校长办公会纪要中明确的费用分担比例在具体操作中难以实现，忽视了单件固定资产价值的不可分割性，也致使最终的费用分担违背了该会议纪要的规定。

（2）管弦乐器的管理责任没有明确划分，进而导致乐器管理的"公地悲剧"，不利于乐器的有效管理。

（3）乐器采购仅由附校委托招标代理公司完成不够妥当，更合理的方法是由培训学校和附校共同委托，或者先由培训学校委托附校，再由附校委托招标代理公司。如果仅由附校委托招标代理公司，则只应开具附校抬头的发票，采购费用由附校一方承担。

（4）附校自有乐团和培训学校的乐团使用乐器时，不应当仅办理附校或培训学校的乐器借用程序。

（5）乐器管理方验收不到位，验收责任没有落实到人，且缺少明确的赔偿和处罚标准，未能引导和营造出爱护乐器的氛围。

案例启示

（1）决策层的决策应当重视决策的可执行性，作出真正能够落地的决策。

（2）固定资产管理应做到财权、物权、事权相匹配，做到谁出钱、谁所有、谁管理，厘清固定资产的管理责任，避免资产管理的"公地悲剧"。

（3）尽量避免同批同类固定资产的分别管理，统一管理不仅可以简化资产的使用手续，方便使用者，也有利于固定资产的维修维护。

（4）采购时应考虑到日后资产的所有权和管理权，避免在委托、采购方式选择等方面出现偏差。

（5）关联单位共同使用固定资产，应当由一个单位购买并统一管理，其他单位通过与其签订资产租赁合同并支付相应租金，获得资产的使用权，租赁合同中应明确租赁双方的权利和义务，形成对双方的有效约束。

（6）完善资产借用归还验收制度，验收责任落实到人，制订并公布明确的赔偿标准甚至处罚标准，并严格执行。

2.3.4 资产巡查管理案例

案例 86

建立实验室与设备巡查机制，强化国有资产管理

📊 案例描述

实验室与设备巡查是某高校仪器设备管理部门（××部）的日常工作之一，每周检查一个在册实验室。根据工作安排，2016 年 × 月 × 日，×× 部工作人员到 ×× 院系的 ×× 实验室进行巡查。具体巡查内容由实验室自查和 ×× 部抽查两部分组成。×× 实验室已事先对本实验室的 4799 台仪器设备账物相符情况进行了全面自查，并制作了"仪器设备自查情况报告书"。设备部人员现场抽查设备 41 台，其中 40 万元以上大型设备 15 台，通用设备 15 台，其他设备 11 台。经逐台核查，现场发现的问题有以下几个：①现场检查未查到的设备共 1 台，原因为仪器负责人出国，设备随身携带；②2 台设备未按要求贴设备资产标签；③7 台设备待办理报废手续；④2 台 40 万元以上的大型设备机时较少（低于当年教育部规定的 800 小时 / 年的大型仪器设备使用机时及格标准），原因分别为设备老化及设备到货后未能正常使用，检查前刚完成升级，下一步将正常投入使用。

除了对仪器设备检查，巡查人员还对实验室规章制度、人员信息、房间用途等进行了核对，并实地检查了实验室安全及环境情况。

　　根据仪器设备、实验室管理和安全管理巡查中发现的具体问题，巡查人员有针对性地提出了日常管理的注意事项、建议和整改措施。要求实验室在以下几个方面进行改进：①对于现场未查到的设备，应尽快追查落实并及时反馈设备照片、运行情况等信息；②所有设备均应按学校规定粘贴设备标签。因设备太小不便粘贴标签的，可以将标签粘贴在配合使用的主体设备上，以便日常管理；③对于待调拨的设备，尽快办理调拨手续；④对于满足报废条件的设备，应及时按学校规定办理报废手续，避免因堆放时间过久造成设备丢失或带来管理上的混乱，以确保本单位设备资产账目与设备实际状况的实时相符；⑤对于机时较少的大型设备，可通过组织开展上机操作培训的方式向师生介绍仪器设备的功能及应用范围，并加大宣传力度以提高用户对仪器设备的了解程度；此外，也可进一步增加仪器设备开放程度，将用户群由院内扩展到全校其他相关院系和校外其他科研院所，以提高大型仪器设备的使用率和使用效益。

　　巡查人员将现场巡查情况和管理建议整理汇总后形成巡查报告，发送给××实验室。该实验室对照着巡查报告，将仪器设备管理和实验室安全管理等方面存在的问题积极进行了整改，及时反馈了现场未查到的设备的使用情况，办理了设备调拨和报废手续，并针对大型设备制订了管理细则和培训计划。

🔍 案例分析

　　实验室与仪器设备巡查工作的宗旨在于通过巡查和沟通交流的方式进一步加强宣传，增强国有资产保护意识；了解学校的大型设备使用效益；严格进口免税科教用品的后续管理；强化实验室技术安全工作，积极查找管理漏洞，促进管理水平的整体提高。

　　实验室与设备巡查工作的重点在于清查仪器设备的账物相符情况，包括离退休/离职人员设备退还情况；了解校、院级公共仪器平台和大型仪器设备的使用共享、服务支撑和成果产出情况；核实实验室和技术队伍的基本情况和数据；关注实验室安全工作的重点和难点，协助实验室排查安全隐患，给出整改建议方案，减少或避免实验室安全事故发生。

💡 案例启示

　　高校仪器设备管理部门是为全校提供实验环境和设备条件支撑的职能部门，仪器设备管理是设备部门最核心和最基础的工作内容。通过实验室与仪器设备巡查，深入实验室一线，通过翻阅仪器使用记录、与仪器管理人员交流等方式，协助实验室加强管理，寻找不足，及时改进。同时，帮助师生进一步明确国有资产保护责任，牢固树立实验室安全意识，共同促进实验室管理水平的整体提高。此外，在巡查中，巡查人员能够较直观地了解到仪器的管理和使用情况，不仅有利于及时发现和解决问题，也为更科学、全面地评价仪器设备管理水平和使用效益提供了翔实的第一手资料。尤其是对于大型仪器设备的管理而言，通过巡查可以随时掌握大型科学仪器使用的第一手信息和最真实状态，获取和发现影响大型科学仪器使用效益发挥的因素，并力所能及地及时扫除服务管理中的障碍。

案例 87

库存材料账实问题解析

案例描述

某高校资产检查过程中，发现 A 学院"库存材料"账实不符。在财务部门 A 学院"库存材料"账面余额 –55 万元，现场核查 A 学院"库存材料——教材"30 余本，标价合计总额 6000 余元。

经了解，A 学院为便于管理和服务师生，统一购买教材发放给学生和教师，"库存材料"科目于 2005 年左右开始使用，主要用于核算该学院教材的采购入库和发售。采购教材时，以折扣价采购，支出货币资金后，以采购价格入库；按照标价卖给学生，收到货币资金后，教材以标价出库，标价高于采购价格，经过长达 10 年积累，导致"库存材料"账户贷方达到 50 多万元。但是依据售出教材数字 ×（售价 – 采购价格），发现其数值并不等于剩余教材数 × 采购价格 – 账目余额。经询问，A 学院教师免费领用库存教材仅记录了出库数据，并未进行库存材料财务记账。

案例分析

（1）A 学院的问题。①A 学院为便于管理和服务师生，统一购买教材发放给学生和教师，以折扣价采购教材、标价卖出教材，此行为不属于高校合法行为范围，属于违规行为。任何为学生代购教材等必需品，须在学生自愿情况下进行，且不能收取任何差价。

②教师领用教材，须学院自行采购，在"库存材料——教材"领用后，应该以购买教材价格计入学校教学费用——"教学事业支出"。

③A学院对使用"库存材料——教材"出入库登记规定不完整，没有定期开展"库存材料——教材"清查，也没有定期开展入库登记，没有与财务账核对，长期累积造成库存教材数据不实。

（2）学校财务审核的问题。学校财务审核人员没有及时关注"库存材料"贷方出现余额的异常现象，未及时进行关注和处理，对学院折扣价采购、加价售卖教材的现象未能及时制止。

（3）资产管理部门的问题。学校资产管理部门未建立按年度进行学院资产和账务核对制度，长期未开展资产清查工作，导致学院库存材料长期负数的情况没有被发现。

💡 案例启示

（1）学校资产管理部门应建立并组织全校各二级单位定期开展资产清查，并定期开展资产管理抽查工作，及时发现二级单位不合理行为。

（2）财务部门应定期对科目异常情况进行监控并处理，建立学校、二级学院资产、账务账实核对机制。

（3）加强对学院的收入管理等财务管理政策的宣传和教育，强调所有收费必须到财务部门备案，核对是否取得收费许可，坚决杜绝乱收费现象。

（4）加强学院财务人员、资产管理人员相关业务学习，按照学校要求定期进行资产清查及资产财务对账工作。

2.3.5   收购纠纷案例

案例88

北京某大学土地房产收购纠纷分析

📊 案例描述

2004年，某高校为解决学校教学、科研、实验和学生宿舍资源紧张的问题，通过自筹资金方式，与北京某厂签订转让协议，购买其土地使用权与地上物产权（当时该地块政府规划用途为教学、科研性质，占地面积19473.81平方米，建筑面积16714.9平方米），同时拟利用该地建设北京高端信息产业技术研究院及循环经济科研项目中心。此后又签订三次补充协议，按照协议约定，学校基本支付全部协议款项。

学校与该厂先后对该地块上的部分地上物进行移交，投入 1000 余万元进行改造，用于教学、科研和建设学生宿舍等。

学校在办理产权过户过程中，由于该厂几次改制及上级主管单位变更，原土地使用权的权属模糊。其间，又将该企业划转到海淀区管理，划转后资产接收管理单位信息缺失。加上其他多项原因，产权过户手续始终未能办理完成。

2006 年，政府将该块地规划用途调整为商业金融。截至 2016 年，由于土地规划用途已非教育、科研性质，无法办理产权过户。

2015 年，北京某厂向海淀区法院提起诉讼，请求法院判决转让协议无效，收回土地使用权与地上物产权，学校只能等待法院开庭判决。

案例分析

（1）政府部门的问题。

①政府相关部门各自为政，制定的政策互为前提，甚至出现自相矛盾情况。

②政府部门办事流程烦琐、效率低下，致使进度缓慢。

（2）学校的问题。

①学校前期调研不够充分，对所购地块的历史问题及可能遇到的困难考虑不充分。

②对经过多次改制和主管部门变更的北京某厂是否拥有协议转让土地使用权的情况了解不够。

③学校与上级部门沟通不够充分，对相关法律把握不够精准，致使转让协议中的有关生效条款违反了相关法规。

（3）北京某厂的问题。隐瞒本厂实际问题，在明知自己无转让权力，却与校方签订转让协议。

案例启示

（1）学校在收购土地房产前应进行充分的调研，尤其对政府各职能部门的相关政策法规要充分了解。

（2）学校与政府相关管理部门沟通不足，未取得相关支持及土地规划变更信息，造成产权过户被动。

（3）学校应对所收购的土地房产性质和产权所属关系了解充分。

（4）学校应积极与政府各职能部门沟通，了解最新法规、政策。

（5）学校在签订收购协议签前，应向相关的法律顾问咨询。

2.3.6 其他资产管理案例

案例 89

基于《党政机关办公用房建设标准》的某高校行政办公用房调整实例

📊 案例描述

为贯彻落实中央八项规定和《中共中央办公厅 国务院办公厅关于党政机关停止新建楼堂馆所和清理办公用房的通知》精神，严格执行《国家发展改革委 住房城乡建设部关于印发党政机关办公用房建设标准的通知》，进一步规范行政人员办公用房标准，提高办公用房资源利用率，某高校对其行政办公用房超标使用情况进行了全面整改。

该校专门成立规范办公用房工作小组，通过校领导牵头统一部署、多个测量小组实地勘测、汇总基础数据形成工作方案、责任到人定期整改、整改完毕后测量小组验收五个步骤，历时一个月，最终完成全校所有行政办公用房的规范工作，确保全校二级单位行政办公用房无一超标。

🔍 案例分析

（1）行政办公用房普遍超标原因分析。

①房屋资源多已使用 20 年以上，建设时未考虑用房规范，大量房屋面积为 18~22 平方米，导致实际使用中存在微量超标。

②二级单位对于行政办公用房的相关规定重视程度不够。

③两校区办公致使行政办公人员占用两处房屋资源，导致超标。

④教学单位行政办公用房与教学用房功能交叉，界定存在困难。

⑤二级单位人员增加时申请办公用房，而部门人员减少时并未退还，导致各部门行政办公用房只增不减。

⑥二级单位多拥有独立的会议室、库房、档案室，大部分闲置或使用率不高。

⑦少数教职工贪图"舒适"的办公环境，超标占用房屋。

（2）实际操作中存在的困难。

①个别教职工存在抵触情绪，片面强调业务需求或觉得微量超标不愿调整。

②部分教职工对于行政办公用房的界定认识不清，需逐一宣讲政策。

③房屋结构大相径庭，个别房屋内部结构复杂，准确测量使用面积需花费大量时间。

④部门人员较少，但现有行政办公用房面积较大，集中办公仍存在超标。

⑤在整改过程中需对两校区办公的客观现状制定有针对性的标准。

💡 **案例启示**

（1）整改前需提高对行政办公用房整改必要性的认识，如采取召开专题会议、发文通知二级单位等方式。

（2）行政办公用房整改可以按照"调、腾、合"的工作思路制订方案，即超标房屋由大调小，空余房屋腾退上交，面积较大合署办公。

（3）房屋基础数据的测量特别耗时且任务量大，需组织多个测量小组分别测量，且各测量小组需统一测量方式及测量标准，确保数据的真实准确。

（4）测量工作要贯穿行政办公用房整改的全过程，避免因房屋信息不全面导致二次整改。

（5）针对两校区办公的现状，可以针对性制定用房规定，如二级单位可根据业务需求及人员情况自行选择主、辅校区，主校区按规定分配行政办公用房，辅校区则在规定面积基础上按一定比例减少。

（6）未来新建房屋时，应按照相关标准进行设计，避免房屋实际使用面积存在微量超标的情况。

案例 90

基于大数据处理技术的多校区学生公寓管理实践

📊 **案例描述**

某高校有三个校区：A、B、C，根据相应的教学安排，每个校区都有不同学院的本科生、硕士研究生、博士研究生。临近毕业，A校区大四学生、研三的学生以及博士生毕业，B 校区大二和研一的学生搬到 A 校区，同时 A 校区硕博连读学生搬至 C 校区。9 月开学时，三个校区都有新生入住。

以往安排住宿时都是根据 Excel 表格、纸质文件和人工比对的方式进行住宿安排，耗时费力。目前则主要通过大数据处理技术替代以往烦琐的人工检索和对比匹配，从而能迅速地确定今年各类学生的住宿需求、各校区可用资源，规划住宿方案。

案例分析

（1）原有管理模式中存在的问题。

①数据量大，人工比对缓慢。以 2016 年为例，全校参与搬家总人数约 4500 人，新生安排住宿约 6000 人，学校需要对这 1 万多人进行住宿分配，在人工对比的背景下，这是一个很庞大的数据量。人工处理在庞大的数据量面前费工、费时、费力，效率很低。

②在住宿资源紧张的条件下，人工比对准确率较低。伴随低效率的人工处理存在的另一个明显问题是人为失误出现的概率会很大，尤其是在庞大的数据量下进行烦琐的操作。同时，由于学校住宿资源紧张，这样的失误就会为整个公寓分配方案带来系统性风险。

③数据多样化，管理归类困难。在规划住宿方案时，不仅是简单地搬出和住入，数据的每一项都包含若干细小的数据项，如在住宿数据里，除了搬到 B 校区和新入学的学生，还有退伍、休学复学、联合培养等多项详细数据项，每一部分都必须进行详细分析。

（2）基于大数据处理技术的管理改进优势。

相对于人工处理，大数据处理技术的优势在数据量大、数据形式复杂、数据处理过程烦琐的工作中尤其突出，体现在以下几个方面。

①利用大数据处理技术进行比对只需设置好匹配的规则即可，只要保证规则的正确性，比对过程中出现错误的概率几乎为零。

②大数据处理技术在处理数据时的速度是人工处理远不能比的。

③在以大数据处理技术为背景处理数据的过程中，即便是规则设置出现问题，也可以很方便地回滚，及时找到处理出错的原因从而进行更正。

④面对多样化的数据，只要在制定数据处理规则时保证规则的正确性，那么数据的处理过程则可以完全自动化实现。

（3）基于大数据处理技术的解决方案。

①分析数据，提前规划。为保障住宿方案的正确性与可行性，至少提前 1 个月开始

收集各项数据，如毕业数据（预测）、新生数据（预测）、参与搬家数据、出国数据以及各校区住宿资源等数据，利用大数据处理技术对数据进行分析，从而提前规划住宿方案。

②实时跟进，动态监控。规划好住宿方案后，实时地跟进各数据项并在住宿方案中更新，检测规划好的住宿方案能否实际解决各数据项变动带来的影响，如实际毕业数据与预测数据的差值、实际参与搬家数据与提前规划时预测数据的差值、估算新生男女比例与实际男女比例的差值等。

③着眼全校，多区联动。在提前规划方案以及之后的动态监控过程中，一定要着眼全校的住宿资源，根据数据分析结果合理地分配各校区的住宿。

（4）过程中出现的其他问题。

①在处理数据的过程中，偶尔发现原始住宿数据、房源信息的错误或者不足，导致在进行宿舍分配的过程中与实际可用情况不一致。

②在进行搬家规划与住宿安排的阶段，仍有个别学生因个别理由调整宿舍，导致个别数据需要更正。

💡 **案例启示**

（1）在工作中，现代化数据处理技术的应用能大幅度提高学校国有资产管理工作效率和准确率，大数据技术将在工作中的各个层面体现出其独有的价值与优势。

（2）数据处理技术能够取代烦琐的人工处理过程，但并不代表在过程中无须人工干预，比如处理规则的制定应根据实际情况进行及时调整。

（3）工作的重点应该着力于分配规则的制定，具体的处理过程应尽可能地多用技术手段实现，这样，上一阶段技术实现的结果可以及时为数据处理方案服务，完善的处理方案也将带来高校的下一阶段的技术实施。

（4）在开始进行住宿方案的调整时，应停止个别的宿舍调整，防止数据的碎片化。

案例 91

加强高校地下空间综合利用

📊 **案例描述**

某高校有总建筑面积约 11 万平方米的地下空间，除去配套设施和封闭管理（因建筑陈旧，无法再利用）部分，实际可使用面积7万平方米。该地下空间不仅承担战时学校的人民防空工作责任，和平时期在学校教学科研、后勤服务、产业经营、学生工作等方面也发挥着积极作用。然而，该地下空间在使用和管理过程中存在着管理责任不清、违规使用、私自占用、私自出租、利用率不高、环境条件差等问题，安全隐患严重，其作用没有得到充分发挥。

针对地下空间在使用管理过程中存在的问题，该高校制定了地下空间使用管理办法和使用规划，历时一年时间，通过对地下空间进行全面清理盘查、清退回收和全面整修改造，进一步完善基本功能，改善使用条件，提高使用效率，实现了分区规划和集中管理，充分利用了地下空间资源服务学校的事业发展。

案例分析

（1）建章立制，规范管理。出台《地下空间管理办法》，成立人防工作领导小组，全面领导学校人防工作和地下空间管理工作；领导小组下设人防办公室，具体负责学校的人防工作、地下空间管理工作和防空防灾知识的宣传教育工作；资产管理处、保卫保密处、基建管理处、后勤集团等相关职能部门负责地下空间的日常管理、安全检查、工程建设和维护维修等工作；各使用单位负责所用地下空间的日常使用和管理工作。

（2）统筹规划，分区管理。依据国家和该市地下空间安全使用管理相关规定，对地下空间的使用进行统筹规划，制订《地下空间使用规划及实施方案》。重新规划后，学校地下空间按功能分为教学科研区、宿舍区、家属区和其他区域进行管理，教学科研区主要用作教学科研实验室，宿舍区主要用作自行车库、学生活动室、库房，家属区主要用作后勤员工宿舍，其他区域主要用于产业经营。

（3）装修整修，提高效能。各使用单位根据实际使用需求制定本单位地下空间详细使用规划及实施方案，由学校统一进行装修整修，完善基本功能，改善使用环境。学校前后投入近300万元，共装修整修教学科研实验室7000平方米，学生活动室1500平方米，物资库房3200平方米，自行车车库3000平方米，均已按期投入使用，大大提高了地下空间的使用效率。

（4）严格审批，明确责任。学校地下空间的使用需经过提交使用申请、审核批准和办理领用手续的程序，坚持"谁使用、谁管理、谁负责"的原则，严禁私自占用，原则上不得出租、转租及转让使用权，不得擅自改变经学校审核确定的使用用途。各使用单位按要求签订地下空间领用协议和地下空间安全使用责任书，建立地下空间使用管理台账，建立健全管理队伍和管理制度，做好所用地下空间的日常使用和安全管理。

（5）精心巡查，确保安全。学校要求人防办公室组建地下空间安全巡查队伍，建立防汛值班室，负责地下空间的安全巡查、汛期防汛等安全管理工作；由保卫保密处负责全校地下空间的安全和监督检查，消防设施的配置和维护；同时要求各使用和单位对所使用和管理的地下空间每月进行一次安全自查，每天进行一次安全巡查，并指定专人负责，做好自查巡查记录，确保使用安全。

案例启示

（1）地下空间资源的开发利用，首先要符合国家和地方地下空间安全使用管理的相关规定。

（2）根据高校实际情况，统筹规划、充分利用地下空间资源，在缓解高校地上各类用房紧张现状的同时，也可以推动各类用房的规范管理。

（3）鉴于地下空间的特殊性，在使用过程中，要确保达到安全使用条件；在日常管理中，要重视安全巡查工作，确保使用安全。

3　无形资产管理案例

3.1　无形资产形成管理案例

3.1.1　无形资产认知管理

案例 92

教师知识产权认知度调查案例

📊 案例描述

　　知识产权是无形资产的主体，主要包括著作权、商标权、专利权和非专利技术。某高校为了全面了解学校教师群体对知识产权相关知识的关注及了解程度，加强以知识产权为主体的学校无形资产的管理和保护工作，学校资产管理处与青年志愿者协会合作，开展了"教师知识产权认知度调查"活动，调查范围为信息工程学院、外国语学院、实验中心、远程与继续教育学院等学院和部门的部分在职教师，共收回调查问卷 150 多份。

　　调查问卷的部分结果如下所示。

　　（1）对于自身的知识产权意识，您觉得？

　　A. 非常强（5.88%）

　　B. 比较强（23.53%）

　　C. 一般（62.75%）

　　D. 没有（7.84%）

　　您对知识产权的了解如何？

　　A. 从未听说过（5.88%）

　　B. 听说过，但不了解（39.21%）

　　C. 有一定了解（50.98%）

D. 经常关注这方面消息（3.93%）

超过50%的人认为自身知识产权意识一般，20%以上的人认为自身知识产权意识较强，超过50%的人对知识产权有一定了解。说明教师知识产权意识情况较好，但仍有必要对知识产权知识进行深度普及，加深教师对知识产权的了解。

（2）在对教师进行知识产权了解途径的调查过程中，70%的人表示是通过网络、电视、报纸、户外广告等途径了解到相关信息的。这表明网络等媒体对知识产权的普及起到了良好的推动作用，是知识产权传播的良好平台。

（3）38%的人对知识产权包括的内容完全了解，而其余的人则了解的较片面。仅24%的人对所列出的行为是否侵犯知识产权完全了解，"复制正版影碟送给朋友观看"的行为有一半以上的人不认为其侵权。说明大多数教师对知识产权的了解还比较片面，存在一些易忽视的盲区。

（4）在"谁有权对项目发明申请专利"的结果中，得到的调查结果如图3-1所示。

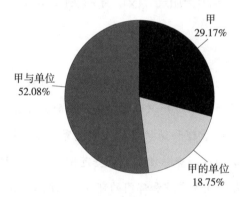

图3-1 "谁有权对项目发明申请专利"的调查结果

对"卡拉OK场所收版权费是否符合《中华人民共和国著作权法》"的调查结果如图3-2所示。

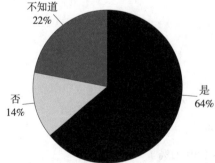

图3-2 "卡拉OK场所收版权费是否符合《中华人民共和国著作权法》"的调查结果

"向网吧等收取电影作品著作权使用费是否合理"的调查结果如图 3-3 所示。

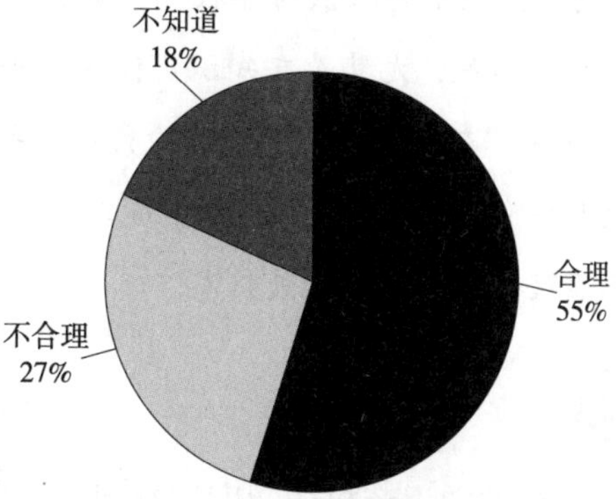

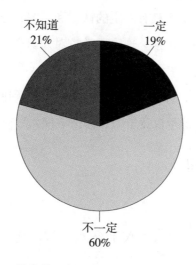

图 3-3　"向网吧等收取电影作品著作权使用费是否合理"的调查结果

"'中传'商标注册能否成功"的调查结果如图 3-4 所示。

图 3-4　"'中传'商标注册能否成功"的调查结果

对学校涉及的几个重要商标的调查结果中，近 50% 的人对"白杨奖""小白杨奖""北广传媒"有正确的态度和认识。在这些实际问题中，均有一半以上的人选择正确。说明教师对知识产权知识的实际运用能力整体较好，但仍须进一步加强。

（5）对于"如果他人侵害你的知识产权，您会选择如何处理？"大部分人表示会采用多种方式维护自己的知识产权，但仍有 18% 的人表示"不知道该采取什么行动"。仅有 4% 的人对知识产权维权客服电话 12330"非常了解"，而 42% 的人"从来没听说过，一点不了解"。说明大多数人存在维权意识，但对一些有效的维权方式、维权机构很陌生。

（6）对于学校在知识产权保护方面还存在的问题，72% 的人认为学校"对知识产权宣传和教育程度不够"，42%的人认为学校"知识产权运用能力不高"，40%的人认为学校"知识产权意识薄弱"，32%的人认为学校"知识产权管理缺失"。由此可以看出，学校在这四个方面仍存在不足，尤其是在知识产权宣传和教育方面还有待提高。

（7）72%的教师认为应该"在日常生活中身体力行保护知识产权"，28%的教师在表示要"利用自身职业优势宣传给自己的学生"。45%的人希望通过宣传册、海报、论坛、讲座、专题培训等途径获得知识产权相关信息。

案例分析与启示

（1）根据此次对学校进行的知识产权认知度调查问卷结果，学校将出台能够提高知识产权竞争力、保护学校无形资产的政策举措，调查同时为即将开展的教师知识产权培训提供支撑和引导。

（2）学校在校教师对知识产权有一定的认识和了解，但是还存在认识片面的问题，教师的维权意识也有待进一步加强。现阶段学校对知识产权知识的宣传教育还不到位，推广知识产权知识刻不容缓。

（3）只有先从教师做起，充分利用其职业优势，达到使知识产权知识得到普及的目的，才能真正提高学校知识产权竞争力、保护学校无形资产。

3.1.2　无形资产登记管理

案例 93

知识产权未纳入资产管理

案例描述

某高校 2008—2014 年共取得知识产权 342 项，均未纳入学校无形资产核算。

案例分析与启示

上述事项违反了《事业单位会计准则》第十二条："事业单位应当以实际发生的经济业务或者事项为依据进行会计核算，如实反映各项会计要素的情况和结果，保证会计信息真实可靠。"第十四条："事业单位对于已经发生的经济业务或者事项，应当及时进行会计核算，不得提前或者延后。"《教育部直属高等学校国有资产管理暂行办法》

第二十条："高校应当加强对本单位专利权、商标权、著作权、土地使用权、非专利技术、校名校誉、商誉等无形资产的管理，依法保护，合理利用，并按照国家有关规定及时办理入账手续，加强管理。"

3.1.3 商标注册管理

案例 94

案例名称："现代传播"商标注册案例

案例描述

商标是区别商品或者服务的显著标志。高校的商标基本上是以服务商标为主。商标是一种智力成果，属于无形资产中知识产权的范畴。进行商标注册工作，能够对学校无形资产进行法律保护，取得专用权，同时也可以提高学校的知名度；商标是一种资产形式，可用于作价投资。

《现代传播》是某高校主办的新闻传播核心期刊、国家信息与知识传播核心期刊，期刊主管单位是教育部，在行业内具有较高声誉，学校于 2007 年 6 月对"现代传播"商标在第 16 类期刊、杂志、新闻刊物领域提出注册申请，于 2009 年 11 月 30 日被商标局驳回。"现代传播"被驳回的理由：某国际广告有限公司于 2007 年 3 月先于该校提出申请注册，注册的类别也是第 16 类期刊、杂志、新闻刊物等。由于对方先于该校 3 个月提出注册申请，具有优先权，给该校"现代传播"的注册造成较大威胁，如果不及时调动各方力量努力争取，很可能被对方抢注成功。

案例分析

（1）驳回复审。因商标被驳回，以前的申请无效，而学校势必要争取"现代传播"商标，按照正常程序学校应申请商标复审，以保留注册申请的权利。

（2）提出异议。在对方"现代传播"商标进入公告期后，学校提出商标异议，阻止对方注册成功，学校《现代传播》期刊协助资产处提供有关出版许可证书、在先使用、印发量、广告收入、获得的荣誉、社会影响力等证据材料。学校已与 2010 年 3 月提出了商标异议。

提出异议的同时与对方公司联系，尝试第 16 类商标转让。对方是一家广告公司，如果对方同意转让且提出的转让费用可以接受，学校可以考虑接受转让，这样可以缩短获取商标注册证书的时间。

（3）连带异议。对其他注册类别连带提出商标异议。经查对方公司不仅在16类印刷出版物领域申请注册了"现代传播"商标，在第35类广告、实业管理领域也申请了商标注册，如果学校同时提出异议，使对方都不能顺利注册，有利于学校协商转让和商标异议工作。

（4）裁定胜诉。2012年3月27日，国家工商行政管理总局商标局[①]下发（2012）商标异字第15182号"现代传播MODERNMEDIA及图"商标异议裁定书，裁定学校胜诉。

经审理，商标局认为，学校提供的证据可以证明在被异议商标申请注册前，"现代传播"作为其出版发行的期刊名称和商标已实际使用，并在"报纸、期刊"等商品上具有一定影响。被异议人在类似商品上申请注册与异议人在先实际使用刊物名称和商标近似的"现代传播MODERNMEDIA及图"商标，已构成以不正当手段抢先注册他人已经使用并有一定影响商标的行为。

依据《中华人民共和国商标法》（以下简称《商标法》）第三十一条、第三十三条规定，商标局裁定：异议人所提异议理由成立，被异议人某国际广告有限公司败诉。

💡 **案例启示**

（1）商标局对受理的商标注册申请进行审查时，对不符合规定的予以驳回，当事人不服，可以向商标评审委员会申请复审。商标被驳回的原因，有些是有他人在先申请了相同或近似的商标，如果学校能提供具有社会影响的使用证据，还是有争取权利的可能。

（2）商标异议是《商标法》明确规定对初步审定商标公开征求公众意见的法律程序，其目的在于监督国家商标局公正、公平、公开地进行商标确权。任何人对初步审定的商标有不同意见，都可以在法定期限内向商标局提出异议。

（3）"现代传播"商标注册成功，依法保护了学校无形资产的合法权益，充分体现了资产管理部门强化无形资产产权保护的决心，也是学校无形资产保护意识不断增强的缩影，全校师生要共同提高无形资产保护意识，坚决抵制各类侵犯无形资产权益的行为，积极提供有力证据，促成统一有效的无形资产保护机制，形成学校保护无形资产权益的浓厚氛围。

---

① 现为国家知识产权局商标局。

3.1.4　无形资产权属管理

案例 95

外贸合同中购置软件类特殊产品的分析与启示

📊 **案例描述**

某高校采购一款专业性很强的流体力学仿真软件，该软件原厂商为美国 A 公司，B 公司为 A 公司在中国的唯一授权代理商，经谈判后确定 B 公司为成交商。

由于进口软件需签订外贸合同，学校委托 C 外贸公司（外贸合同签约买方）与 B 公司联系签约，C 外贸公司与 B 公司注册的香港公司——D 公司（外贸合同签约卖方）签订了外贸合同，付款方式为国际通用惯例 90%LC[①] 凭发货单据议付，10% 凭用户签字确认的验收报告电汇支付。

合同执行过程中，C 外贸公司按照合同约定开具了合同金额 90% 的信用证，签约卖方 D 公司将软件光盘按合同约定的供货时间发货，并凭借装运单据等成功议付了合同金额 90% 货款。但是，在之后很长一段时间内，学校一直没有收到该软件的软件使用许可即 License，导致该软件很长一段时间无法使用。

🔍 **案例分析**

该项采购过程中存在的问题如下。

（1）采购时没有重视软件与仪器设备类产品的区别：软件类产品不同于仪器设备类产品，软件属于无形资产，它同仪器设备类产品的最大不同在于它的使用许可即 License，有软件光盘但是没有使用许可，软件是根本无法使用的。对于软件类产品，实质性的收货应该是收到软件的使用许可。

（2）签约时没有对原厂商和代理商做区别对待：代理商与原厂商之间实质上也是一种"买卖"关系。该合同的签约卖方为代理商的香港公司，即收到校方货款的是代理商而非原厂商。这种情况下，一定要格外谨慎对待，签约前一定要对代理商的整体状况包括资信水平、行业口碑、业绩等有深入了解。

（3）付款比例没有严格控制：该软件合同的付款方式参照仪器设备类通用的国

---

① 信用证。

际惯例，忽视了软件的"特殊性"，导致代理商收到货款而没有实质性发货。如果能了解软件类产品的特殊性，并给予重视，在合同中严格控制付款方式，学校的损失将减少。

案例启示

（1）充分认识到软件类产品的实质性收货应该是收到软件的使用许可。

（2）外贸合同最好直接与货物的原厂商签订，减少货物与货款的流通环节，降低外贸风险发生的概率；如果必须与代理商签约，应该找资信水平、行业口碑、业绩等都比较好的代理商，并且要与代理商、原厂商签订三方技术协议。

（3）签订软件类产品的外贸合同时，对于付款方式要重视，避免出现付了款却收不到使用许可的情况出现。建议可以在国际通用付款方式的基础上适当加以调整，如合同签订后开具合同金额 90% 信用证（其中 50% 凭发货单据议付，另 50% 凭借用户收到使用许可后签字确认的签收单议付），最后的 10% 凭用户签字确认的验收报告电汇支付。

3.2　无形资产使用管理案例

3.2.1　无形资产出借管理案例

案例 96

无形资产出借未按规定报批报备

案例描述

2008—2014 年某高校累计出借无形资产 4 项，学校财务账面无价值，涉及取得的出借收入 908 万元。其中，2008 年 1 月，学校将"某项制取电子级碳酸钾的方法"的 4 年期专利实施许可权出借给 S 公司，收入金额 600 万元；2009 年 5 月，学校将"某项生产农用矿物基硝酸钾的方法"的 5 年期实施许可权出借给 X 公司，收入金额 300 万元；2013 年 5 月，学校将"某种测煤层气含量的方法"和"一种煤岩强度的检测方法专利"的 5 年期实施许可权出借给 P 公司，收入金额各 4 万元，均未经学校集体决策，仅向分管校长汇报，无学校领导审批，并未报教育部备案。

案例分析与启示

上述事项违反了《教育部直属高等学校国有资产管理暂行办法》："高校利用固定资产、无形资产对外投资、出租、出借，单项或批量价值（账面原值，下同）在500万元以下的，由高校审批后10个工作日内将审批文件及相关资料报教育部备案，教育部审核汇总后报财政部备案；单项或批量价值在500万元以上（含500万元）至800万元以下的，由高校审核后报教育部审批，教育部审批后报财政部备案；单项或批量价值在800万元以上（含800万元）的，由高校审核后报教育部审核，教育部审核后报财政部审批。"

3.2.2　无形资产出售管理案例

案例 97

资产出售、出让、转让（含股权减持）未按规定报批报备

案例描述

2008—2014年某高校资产出售、出让、转让7笔，金额63.3万元，其中无形资产并无其账面价值。其中出售无形资产——专利技术5笔，无账面价值；出售车辆2辆，价值63.3万元，均未按规定履行报批报备手续。学校对外出售的无形资产，由学校分管校长审批，未履行学校集体决策。

2012年3月，学校将某项污水处理系统装置29项专利，转让给深圳某公司，转让收入300万元。该资产出售未履行报备手续。

2012年11月，学校将"利用钾长石生产矿物聚合材料的方法专利"和"利用富钾岩石制取电子级碳酸钾的方法专利"，转让给北京某公司，两项专利技术转让收入皆为300万元。该资产出售未履行报备手续。

2013年3月，学校将"利用钾长石粉体水热合成六方钾霞石的工艺"和"一种利用钾霞石粉体制取农用硫酸钾的方法专利"转让给某公司，转让收入500万元。该资产出售未履行报备手续。

2011年6月，学校与某个人签订了车辆转让协议书，将学校价值35.5万元小客车一辆、价值27.8万元金旅客车一辆，经过第三方评估后，进行公开处置，以20万元进行转让。该车辆处置未履行报备手续。

📊 **案例分析与启示**

（1）上述事项违反了《教育部直属高等学校国有资产管理暂行办法》第三十三条相关规定。

（2）高校资产出售、出让、转让（含股权减持），不能因为额度小或怕麻烦等原因自行处理，一定要按规定履行报批报备手续。

3.2.3 无形资产侵权案例

案例98

高校商标侵权纠纷处理

📊 **案例描述**

某高校全称"××传媒大学"，简称"××"。该校曾经校内职工举报发现有一个涉嫌侵权"××"商标的网站，公司名称为北京××咨询策划有限公司，公司地址显示北京市朝阳区，网站中设立"××淘宝""××视频""××图集"、"××校内""××问答""网络营销"等专题项目，网站宣传中出现该校"××之春"图标。专题中发布该校校园照片、招生简章、知名教师文章等，并开展小语种培训、电视精品课程、广告投放等经营活动，商业化倾向明显。

🔍 **案例分析**

（1）案件分析。

①案件性质：商标侵权，不正当竞争

②被侵权商标：××，××之春

③案件描述：对方通过网页上突出显示该校的知名商标，通过转链接或者虚假宣传等方式误导消费者，获取不正当利益。该校为了制止侵权并获得索赔，通过律师函和法院诉讼途径解决。

④综合评价：从引证的网页来看，对方希望借助该校商标"××"和"××之春"进行宣传和引导消费者的意图比较明显，从实际内容看，对方也在积极将服务内容对应在与该校有同等竞争力的服务项目上，主客观都可定性为侵权。

⑤该校打击目的：制止对方网页宣传及市场行为，维护学校声誉，同时在可能的情况下进行索赔。

⑥诉讼风险：如果通过法院提起诉讼，在证据充分的前提下，学校胜诉的可能性较大。一般此类诉讼的费用不会低于10万元人民币，如果对方只是网络宣传，并没有形成盈利或盈利很小，则可能无法进行赔偿或赔偿金额很小，那么会给学校造成经费上的损失。还有一种收费方式是根据对方的经营收入进行收费，根据案件的复杂程度，按照侵权赔偿额的百分比收取律师费。在诉讼过程顺利的情况下，诉讼周期一般为1年左右。

（2）学校的应对方案。

①取证。

A.公证网页，获取证据。学校先做网页的公证取证，这个步骤是开展所有后续程序的基础，学校可以联络公证处自行完成，通常费用在2000元以内。在公证前，先不与对方联络、谈判以及开始其他一切与该案有关的工作，以免打草惊蛇，给取证造成困难。

B.市场盈利证据。如果学校的目的只是制止对方的侵权行为，不走诉讼程序，那么这个不是必要程序；如果学校希望今后在诉讼中向对方进行索赔，那么这个步骤是必需的。学校可以委托商标注册代理公司来做。由于这项工作是整个法院诉讼工作的一部分，因此不再单独收费，费用包含在整个诉讼费用中。如果学校后期并不打算起诉，那么就不需要进行这个工作。

C.背景调查。这个工作也不是必要程序，主要看学校的打击目的。如果需要索赔，走诉讼程序，那么就要对对方的背景进行调查，取得对方主观恶意的证据。与取证B步骤相同的是，这个工作也是整个法院诉讼工作的一部分，因此它没有单独收费的过程，费用包含在整个诉讼费用中。如果学校后期不打算起诉，就不需要进行这个工作。

②律师函。一旦公证取证结束，学校就可以进行这项工作。发律师函的目的：一是警告对方，要求对方改正侵权行为，起到初步制止的目的；二是因律师函虽具有法律意义，但没有法律效力，不是判决书和行政处罚决定，若不能制止对方继续侵权，一旦以后学校还是决定诉讼，那么这个步骤就起到了告知的作用。从诉讼的角度讲，对方主观上已经构成了明知，继续此行为就构成主观恶意，为判定对方侵权打下证据基础。

律师函的工作学校可以委托商标注册代理公司进行撰写和递送，费用为5000元人民币/份。

③诉讼。如果对方凭借网络宣传通过招生、培训、广告等手段已经在获利，并对学校的声誉和招生造成一定影响的情况下，可考虑法院诉讼。

案例启示

（1）《商标法》第六十条规定："有本法第五十二条所列侵犯注册商标专用权行为之一，引起纠纷的，由当事人协商解决；不愿协商或者协商不成的，商标注册人或者利害关系人可以向人民法院起诉，也可以请求工商行政管理部门处理。"根据上述条款，当注册商标专用权被侵犯时，可以通过下列方式维权：双方协商、第三方调解、行政仲裁、司法诉讼。

（2）对这起商标侵权案件，学校打击的主要目的是制止对方网页宣传及市场行为，维护学校声誉，因此学校选择了第三方调解和司法诉讼的途径开展商标维权，在第三方调解不成功的情况下，可选择司法诉讼。

（3）为了做好商标维权工作，保护学校的无形资产，防止无形资产的流失，学校还要加强无形资产知识的宣传和普及工作，提高全校师生员工的无形资产保护意识，维护学校无形资产合法权益，使学校的教职员工对学校内正在使用的显著标识有主观印象的了解，明确什么是商标侵权行为，发现问题及时反馈，以便学校采取相应的维权措施。

4 流动资产管理案例

4.1 收入管理

案例 99

学校出租收入直接冲抵支出

案例描述

某高校与某餐饮有限公司签订的租金合同累积应收 560 万元，冲抵学校消费及后勤集团提取管理费 69.98 万元，学校实际确认收入 490.02 万元；与某综合商店签订的租金合同累积应收 21 万元，冲抵学校消费 0.78 万元，实际学校确认收入 20.22 万元。

案例分析与启示

学校未按照"收支两条线"的规定对出租收入进行规范核算，而是将应收租金直接冲抵学校在承租方的消费金额以及应支付后勤集团管理费后的净额确认收入。

案例 100

收入未开具经营性发票

案例描述

某高校在收到有关单位缴纳的资产占用费和房租（校产办经办）时，财务部门首先在"应付账款——校产办"科目核算，并未直接确认为当年收入，而是待年度终了，财务部门根据后勤处提交的校产办上缴收入预算，再从"应付账款——校产办"科目结转到收入科目。截至 2014 年 12 月 31 日，学校账面"应付账款——校产办"的余额为 603.54 万元，均为学校实际已实现的收入，但未结转为收入。

2008—2014 年学校向校办企业收取的 641 万元资产占用费，均未向企业开具发票。

案例分析与启示

学校财务部门未将有关单位的上缴款全额确认收入，且未全额开具经营性发票，存在涉税风险。

案例 101

部分学费未及时收回

案例描述

H 公司委托 A 学校远程与继续教育学院为其培养 2016 级员工 49 人（其中本科 17 人、专科 32 人），学制 2.5 年。截至 2018 年 4 月 30 日，其 2017 年度学费 11.94 万元尚未收缴。

案例分析

（1）《教育部直属高校经济活动内部控制指南（试行）》中"第 5 号——收入管理"第三条"应定期或不定期地检查收入实现情况，建立收入管理责任追究制度，确保各项收入应收尽收"。

（2）《行政事业单位内部控制规范（试行）》中明确将"预算控制"作为单位内部控制的方法之一，通过"预算控制"，强化对经济活动的预算约束，使预算管理贯穿于单位经济活动的全过程。可见预算管理是直属高校提高管理水平的一个有效手段，也是统筹协调单位业务活动和资金的一个有效手段，但部分直属高校并没有意识到预算管理的重要性，没有很好使用预算管理这一工具，将预算与业务相隔离，编制预算时没有以业务为基础，预算与工作两张皮，业务实施时不考虑预算控制，预算工作严肃性得不到维护。大多数预算执行问题都可追溯到预算编制环节，而在预算编制环节往往出现如下问题：预算与学校发展规划和年度计划没有有效衔接；业务活动支出没有考虑预算执行进度要求，造成部分预算项目在预算年度内不具备实施条件，而部分急需项目却没有安排预算资金。因此，预算问题应重点从预算编制环节来解决，严格以事定财，将预算落实到具体事项上，并加强对预算执行过程的管控，解决预算编制和执行问题。

案例启示

会计控制也是《行政事业单位内部控制规范（试行）》中明确的单位内部控制的控制方法之一，但案例问题仍反映出部分直属高校会计控制并没有完全做到位，如往来款清理不及时和部分学费未收回造成部分坏账损失，独立核算单位的财务核算不规范，无法真实有效反映单位业务活动情况，直属高校还需要在建立健全本单位财会管理制度，加强会计机构建设，提高会计人员业务水平，强化会计人员岗位责任制，规范会计基础工作，加强会计档案管理等方面加以完善，使会计控制更加有效。

案例 102

出售房屋款项未及时入账

案例描述

2007 年，某高校根据校长办公会决定，预留 4 套房产作为学校引进人才住房，房产分别挂在学校职工个人名下。2016 年、2017 年收取出售房屋定金 16 万元，在总务部保险柜中存放，未入账。

案例分析与启示

《中华人民共和国民法典》第二百一十七条："不动产权属证书是权利人享有该不动产物权的证明。"《中华人民共和国会计法》（以下简称会计法）第十条："下列经济业务事项，应当办理会计手续，进行会计核算：（一）款项和有价证券的收付。"

4.2 支出管理

4.2.1 核算管理

案例 103

项目支出未予以资本化

案例描述

2008—2014 年，某高校部分项目支出未予以资本化的金额共计 639.48 万元，涉及房屋及建筑物共 4 处，其中以科研经费 32.50 万元投资建造某实践中心房屋（250 平方米）；以申请的修购专项资金 232.38 万元、196.87 万元和 177.73 万元分别投资建造某实习基地的教师公寓（1100 平方米）、机房综合楼（903 平方米）、篮球、足球场，直接计入支出科目，未将相关资产价值予以资本化。

案例分析与启示

上述事项违反了《高等学校财务制度》第四十七条："固定资产是指使用期限超过一年，单位价值在 1000 元以上，并在使用过程中基本保持原有物质形态的资产。单位价值虽未达到规定标准，但是耐用时间在一年以上的大批同类物资，作为固定资产管理。"

案例 104

隐藏收入，虚挂往来

案例描述

1997 年 9 月，北京市教委委托某银行向某高校 D 公司发放 "110" 项目贷款 90 万元，约定 1999 年 9 月还款，到期后 D 公司并未偿还该款项。近年来，D 公司多次向贷款银行查证，银行方面已无相关贷款资料，该笔款项实际已无法偿还，应从长期借款转计营业外收入，但实际 D 公司一直未做账务处理。

2014 年 10 月，D 公司在改制时单方面将该笔长期借款调整为 "其他应付款——投资公司"，而投资公司并未同时记录该笔应收款。2014 年 12 月，D 公司用 20 万元资产占用费冲减了该笔应付款项。

案例分析与启示

上述事项违反了会计法第九条："……任何单位不得以虚假的经济业务事项或者资料进行会计核算。"《中华人民共和国税收征收管理法》第四条："……纳税人、扣缴义务人必须依照法律、行政法规的规定缴纳税款、代扣代缴、代收代缴税款。"第六条："……纳税人、扣缴义务人和其他有关单位应当按照国家有关规定如实向税务机关提供与纳税和代扣代缴、代收代缴税款有关的信息。"

案例 105

独立核算单位的财务核算不规范

案例描述

某高校独立二级单位附属幼儿园与校医院在同一会计账套中核算，无法独立、清晰反映幼儿园及校医院财务状况。

案例分析与启示

《会计基础工作规范》第三十六条："各单位应当按照《中华人民共和国会计法》和国家统一会计制度的规定建立会计账册，进行会计核算，及时提供合法、真实、准确、完整的会计信息。"《事业单位会计准则》第十二条："事业单位应当以实际发生的经济业务或者事项为依据进行会计核算，如实反映各项会计要素的情况和结果，保证会计信息真实可靠。"

案例 106

资金管理不到位，利用监理让利费用支付相关款项，且未在账面反映

案例描述

某高校涉及监理让利的基本建设项目共 10 个，涉及监理方共 3 家，学校与监理方

在签订每个项目的建设工程监理合同时，监理方均出具自愿让利的承诺书，监理方承诺在投标中标价／监理酬金合同价的基础上让利 10% 或 15%。学校利用监理让利费用，通过监理方支付新校区班车租赁费、图书馆搬家费、项目施工审图费、宣传片制作资料费、软件购置费用等。

案例分析与启示

《中华人民共和国会计法》第九条："各单位必须根据实际发生的经济业务事项进行会计核算，填制会计凭证，登记会计账簿，编制财务会计报告。"《事业单位会计准则》第十二条："事业单位应当以实际发生的经济业务或事项为依据进行会计核算，如实反映各项会计要素的情况和结果，保证会计信息真实可靠。"

4.2.2 专项管理

案例 107

专项资金未专款专用

案例描述

在对某高校的审计中发现，12 个项目存在未经批准擅自列支与批复项目申报书所申报内容不一致的其他项目支出 3345.93 万元；在 6 个项目间相互串用资金 528.29 万元。

案例分析与启示

财政部、教育部《中央级普通高等学校房屋修缮和仪器设备购置专项资金及项目管理办法》第八条第（三）款："项目预算资金要专款专用，单独核算。"

4.2.3 津贴补贴管理

案例 108

未经学校批准发放津贴补贴、二级单位私自发放津贴补贴

案例描述

某高校后勤处未经学校批准，制定津贴补贴发放规定，发放津贴补贴。2013 年

8月至2018年3月，发放节日补贴12万元；员工用"手机充值卡"报销通信费20万元等。

某高校部分单位发放各类津贴补贴且未纳入学校人事处统一管理，包括过节费、防暑降温费、其他校区工作津贴等。2013—2016年，学校各部门发放津贴补贴共600万元。

📊 案例分析与启示

《财政部　审计署关于印发〈深入开展贯彻执行中央八项规定严肃财经纪律和"小金库"专项治理工作方案〉的通知》："及时纠正违反规定擅自设立项目、超标准超范围发放津贴补贴问题……"《违规发放津贴补贴行为处分规定》第四条："有下列行为之一的，……（三）违反中共中央组织部、人力资源社会保障部有关公务员奖励的规定，以各种名义向职工普遍发放各类奖金的。"

案例 109

加班费、其他劳务费等发放不规范

📊 案例描述

2021年2月，某高校二级单位仍存在使用自筹经费、专项经费发放加班费、其他劳务费等情况，未按学校要求将加班费、其他劳务费纳入学校绩效工资统一发放。

📊 案例分析与启示

上述事项不符合《关于中央有关事业单位实施绩效工资的通知》："要求实施绩效工资后，各单位要按照国家政策规定清理规范津贴补贴，严格按照国家规定的项目、标准和范围发放薪酬，其他津贴补贴一律纳入绩效工资发放。"

4.3 综合管理

4.3.1 预算管理

案例 110

部分预算项目编制考虑不充分、准确性较低

案例描述

2014—2015 年，A 学校部分收入项目在编制预算时，未充分考虑每年的地方教育经费拨款、地方财政下拨优势学科和协同创新各 1000 万元的收入、2 亿元定期存款到期带来的利息收入等内容，因此预算执行数远高于预算数。2016 年和 2017 年，B 学校捐赠收入编制预算时，按照捐赠合同总金额编制，未充分考虑企业在合同中约定的捐赠分年支付，因此实际到账数小于预算数，预算准确性较低。

案例分析与启示

《中华人民共和国预算法》第三十五条："地方各级预算按照量入为出、收支平衡的原则编制。"第七十二条："各部门、各单位的预算支出应当按照预算科目执行。严格控制不同预算科目、预算级次或者项目间的预算资金的调剂。"

4.3.2 往来款管理

案例 111

往来账款清理不及时

案例描述

M 高校截至 2021 年 9 月 30 日，学校未及时清理的 3 年以上往来账款共计 229.85 万元。其中预付款项 41.73 万元，其他应收款 188.12 万元。

L 高校大额借款长期挂账未及时核销，学校 1 年以上未核销大额借款（100 万元以上）有 22 笔，金额达 8119.75 万元，主要有电力增容工程款 3.229 万元、采购设备预

付款 2.336 万元，其中有 705.33 万元挂账时间超过 5 年。学校其他应付款中长期挂账 ×× 公寓房款 10307.98 万元（2008 年出售给学校教职工）、×× 青年城房款 40.85 万元、拆迁补偿款 3225.16 万元，三项共计 13573.99 万元，学校目前尚未将相关款项确认为收入。

案例分析与启示

（1）对应收及暂付款项应当及时清理结算，不得长期挂账；对确实无法收回的应收及暂付款项，要查明原因，分清责任，按规定程序批准后核销。

（2）建议学校加强对应收及暂付款项清理，防范财务风险。

4.3.3　现金管理

案例 112

<h2 style="text-align:center">收入款项、备用金存于个人银行卡</h2>

案例描述

L 高校附中、附小、幼儿园存在将部分收入款项、备用金存于个人银行卡的情况，附中在 2015 年 10 月将存于出纳个人银行卡上的学费等收入 50 万元转账至学校银行账户；附小在 2015 年 12 月将存于出纳个人银行卡内的学费等收入 80 万元转账至学校银行账户；幼儿园在 2016 年 1 月提取备用金 4 万元，后将其放于个人银行卡上。

S 学校 2019 年 4 月和 10 月、2020 年 10 月现金充值记录汇总和银行现金缴款单回单，食堂校园卡充值点大额现金滞留出纳员处 4~44 天，现金上缴不及时；充值点应缴现金通过个人银行卡集中缴存，如 2019 年 5 月 15 日通过个人银行卡缴存 1—4 月充值款 25.70 万元。

案例分析与启示

（1）经查，S 学校财务管理相关办法、校园卡管理办法中未明确规定校园卡充值现金缴存的条件。

（2）上述事项不符合《现金管理暂行条例》第十一条中"开户单位现金收支应当依照下列规定办理：（一）开户单位现金收入应当于当日送存开户银行"的规定，建议学校及时修订相关制度，加强校园卡充值现金管理。

案例 113

个人名义存公款

案例描述

某高校附属中学 2011—2015 年收取学生择校费用共计 4000 万元，其中，300 万元以个人存单形式存于学校财务部门保险柜内，未计入学校账。

案例分析与启示

《现金管理暂行条例实施细则》第十二条："不准将单位收入的现金以个人名义存入储蓄。"《设立"小金库"和使用"小金库"款项违法违纪行为政纪处分暂行规定》第二条："本规定所称'小金库'，是指违反法律法规及其他有关规定，应列入而未列入符合规定的单位账簿的各项资金（含有价证券）及其形成的资产。"《关于在党政机关和事业单位开展"小金库"专项治理工作的实施办法》："各地区各部门要针对治理工作中发现的问题，制定整改措施并抓好落实，做到资金资产处理到位、违纪责任人员处理到位。在整改过程中要深入剖析产生问题的原因，完善制度，深化改革，强化源头治理，建立和完善防治'小金库'的长效机制。"

4.3.4 存货管理

案例 114

借鉴"电商平台模式"，规范实验耗材采购管理

案例描述

化学试剂、材料、燃料等实验耗材是高校开展教学科研的物质基础，也是国有资产的重要组成部分。但由于实验耗材具有种类繁杂、采购周期短、易损耗等特点，以及缺乏有效的管理手段，某高校长期以来实验耗材采购主要采取老师自行采购的方式，没有专门的管理部门，监管工作非常薄弱，也导致了一些违规问题的发生。

为规范实验耗材管理，该校建立了类似"电商平台模式"的管理系统，加强对实验耗材的全方位管理。学校管理部门负责供应商遴选，通过遴选的供应商即可进入系统平台上传其所售产品信息供老师采购。老师可通过三种方式在平台上进行采购：一是系统平台内的实验耗材，单笔金额2万元以下的老师可直接采购；单笔金额2万~10万元须经学院审批后采购。二是系统平台内没有的实验耗材，老师可在平台内以"自购申请"方式采购，所有订单无论金额大小，均须先经管理部门审批后才能采购，单笔金额2万元以上的还需要学院审批。三是对于特别紧急的小额实验耗材，老师可采取"自购备案"的方式，先行购买，然后在系统中备案。实验耗材验收入库、出库均通过系统完成，并在系统中记录相关信息。最后老师凭借系统生成的审批表和发票到财务结账。

通过"电商平台模式"实验管理系统，该校实现了对全校实验耗材的全覆盖管理，以及对实验耗材采购使用情况的实时动态监管，从而提升了教学科研经费使用效益，保证了教学科研工作的有序开展。

案例分析

（1）学校方面。

①实现了对全校实验耗材采购使用情况的全覆盖管理。

②有利于提升学校教学科研经费使用效率。

③实现痕迹化管理，便于追溯。

（2）管理部门方面。

①能够实时掌握全校实验耗材采购使用情况。

②便于对实验采购使用情况进行统计分析。

③全部操作在线完成，大幅节省管理成本。

（3）用户老师方面。

①审批流程在线完成，审批手续更加简化，采购周期大幅缩短，为开展实验工作节约了时间。

②系统提供平台采购、自购申请和自购备案三种方式，采购方式比较灵活。

③供应商经过学校遴选，产品来源更加安全。

④供应商之间能够形成竞争机制，产品价格更加透明、优惠。

⑤依托系统办理入库、验收、出库手续，更加便捷、高效。

（4）供应商方面。

①在产品价格更加公开透明的情况，必须依靠提升服务质量来争取客户。

②系统平台能够为其提供产品宣传展示的机会，大部分供应商均愿意加入系统平台，也促使平台内产品更加丰富多样。

案例启示

（1）信息化平台是未来高校实验耗材管理的必然趋势。

（2）应制定完善的供应商进入及退出机制，加强对实验耗材的源头管理。

（3）实验耗材的采购管理系统应与学校财务系统进行对接，形成科学规范的内控体系。

（4）系统平台必须具备多种采购方式，以满足实验耗材采购中可能发生的情况。

（5）审批部门、审批金额设置应综合考虑管理需求和效率两方面的因素。

（6）系统应具备采购、验收、入库、结账、出库等基本功能，确保实验耗材全部采购流程无断裂。

5　在建工程管理案例

5.1　立项管理

案例 115

工程建设未批先建

案例描述

2007 年，A 市发展和改革委员会同意某高校建 5 栋专家公寓楼，面积为 13300 平方米，项目建成后不得销售，其产权归学校所有。该项目学校未向教育部申请立项，属于未批先建。

案例分析与启示

《中华人民共和国会计法》第十六条："各单位发生的各项经济业务事项应当在依法设置的会计账簿上统一登记、核算，不得违反本法和国家统一的会计制度的规定私设会计账簿登记、核算。"《国家计委关于基本建设大中型项目开工条件的规定》第二条规定了把项目初步设计及总概算已经批复作为项目开工条件。

5.2　施工许可管理

案例 116

无施工许可证施工

案例描述

某高校新校区东院公共教学楼等 21 个建设项目，由于地方政府拆迁未完成等因素，在未取得建设工程规划许可证和施工许可证的情况下就陆续开工建设，涉及建筑面积

237470 平方米，基建投资 88779.74 万元。

案例分析与启示

（1）《中华人民共和国城乡规划法》第四十条："在城市、镇规划区内进行建筑物、构筑物、道路、管线和其他工程建设的，建设单位或者个人应当向城市、县人民政府城乡规划主管部门或者省、自治区、直辖市人民政府确定的镇人民政府申请办理建设工程规划许可证。"《中华人民共和国建筑法》第七条："建筑工程开工前，建设单位应当按照国家有关规定向工程所在地县级以上人民政府建设行政主管部门申请领取施工许可证。"

（2）建议学校严格按要求加强工程项目报批管理。

5.3 过程管理

案例 117

施工过程管理不规范，造价控制不严

案例描述

工程管理部门造价控制不严，监理不审造价导致部分工程审减率偏高。Y 高校科研教学综合楼送审金额为 13004.17 万元，审定金额为 10829.91 万元，审减率达 16.72%；沙河校区一期学生食堂送审金额 2430.24 万元，审定金额 2053.83 万元，审减率 15.49%；校园公共区域改装电磁门门禁系统项目，送审金额 49.33 万元，审定金额 30.44 万元，审减率 38.29%；2013 年暑期食堂修项目，送审金额 36.72 万元，审定金额 29.03 万元，审减率 20.94%。

案例分析与启示

《教育部直属高校基本建设管理办法（2017 年修订）》第五十一条："直属高校……加强对建设项目各个环节的监督管理……"

案例 118

对建设工程投资控制不力，工程洽商变更随意

案例描述

　　某高校新校区东院学生食堂和东院公共教学楼项目中，有20份工程洽商变更未按学校规定履行集体决策程序，共计金额731.60万元。

　　另一高校部分大中型修缮项目未归口实施，工程签证、审核和验收管理不规范。如2019年组织实施的留学生中心沿河景观项目未由制度规定的部门实施施工管理，施工过程中未按学校规定办理变更审批手续，工程签证资料无建设单位审核意见；穹顶会议室声光电系统建设项目施工过程中共发生77项变更，其中只有23项办理了相关签证；图文信息中心穹顶会议室装修工程、语言院及公共区域教室装修工程签证单上建设单位审核日期晚于工程验收日期。

案例分析与启示

　　（1）《教育部直属高校基本建设管理办法（2017年修订）》第六条："直属高校基本建设应当遵循基本建设规律，严格遵守基本建设程序，严格执行'三重一大'决策制度。"

　　（2）建议学校严格按照工程管理办法规定组织实施，加强对修缮工程各环节内部控制管理。

5.4　决算管理

案例 119

未办理竣工决算和产权证

案例描述

　　2004年，某高校分别向教育部和市发改委提出集资建设小高层教师公寓的申请，并获得教育部和市发改委批复。2005年7月开工建设，2007年3月一期竣工，2009年8月二期竣工。截至目前，小高层项目还未进行财务竣工决算，也未办理产权证。

171

案例分析与启示

《中华人民共和国民法典》第二百一十七条："不动产权属证书是权利人享有该不动产物权的证明。"《教育部直属高校及事业单位基本建设项目竣工财务决算管理办法》第九条："项目竣工验收合格后应及时办理资产交付手续，并在规定期限内办理竣工财务决算，期限最长不得超过1年。"

案例120

未及时办理竣工决算及转固

案例描述

某高校南校区职工住宅楼、北校区附属中学多功能教室等3个项目，分别于2012年8月、2014年3月、2016年10月完工并投入使用，但至审计外勤时尚未办理竣工财务决算。

某高校一校区实验楼批复总投资4030万元，建筑面积6010平方米，2018年9月通过竣工验收，2019年4月正式移交，2020年10月完成竣工价款结算。截至2021年4月，未按规定及时办理竣工财务决算并转增固定资产。

案例分析与启示

（1）财政部《基本建设项目竣工财务决算管理暂行办法》第二条："基本建设项目完工可投入使用或者试运行合格后，应当在3个月内编报竣工财务决算，特殊情况需要延长的，中小型项目不得超过2个月，大型项目不得超过6个月。"

（2）上述事项不符合教育部办公厅《转发财政部关于加快做好行政事业单位长期已使用在建工程转固工作的通知》："《基本建设财务规则》第四十二条规定……已交付使用但尚未办理竣工决算手续的固定资产，应当按照估计价值入账，待办理竣工决算后再按实际成本调整原来的暂估价值。"《基本建设项目竣工财务决算管理暂行办法》第二条规定，基本建设项目完工可投入使用或者试运行合格后，应当在3个月内编报竣工财务决算，特殊情况确需延长的，中小型项目不得超过2个月，大型项目不得超过6个月。"

建议学校按规定尽快办理竣工财务决算和资产手续。

6 对外投资管理案例

6.1 校办企业综合管理案例

6.1.1 日常管理

案例 121

校办企业管理体制未完全理顺，事企未分开，管办未分离

案例描述

A 高校成立投资公司管理其所属校办企业，但经检查发现，2014 年年底尚有对 B 公司的投资 300 万元未划转至投资公司，学校校办企业未全部纳入投资公司统一管理，对 B 公司投资事宜的管理部门不明确。学校后勤处下属的校产办与投资公司是"两块牌子、一套班子"，校产办一人（非处级干部）兼任下属企业法定代表人、执行董事和经理均由一人担任，缺乏集体决策和监督。

案例分析与启示

在教育部 2016 年开展的国有资产专项检查中，高校是否按照"事企分开，管办分离"原则理顺所属企业管理体制，杜绝"两块牌子，一套人马"是检查重点之一。管办分离就是指监管的要和办事的分开，不要既是裁判员又是运动员，这样才会把事情办好。2015 年，教育部曾发文要求，全面清理规范高校所办企业——各高校要按照产学研用结合平台、高新技术成果转移转化基地和科技型企业孵化器的定位进行清理规范，建立退出机制，清理无偿占用资产，规范无形资产使用，规范企业改制行为。

但高校校办企业产权不清晰、侵占国有资源等问题，远未消弭。这跟有些校办企业有关信息不公开透明，校企的资产管理、资源配置由领导拍板有关，不少校企现代

企业化改制缓慢，也与此相关。

案例 122

部分附属企业未制定"三重一大"决策制度实施细则

案例描述

某高校资产经营有限公司、校留学服务中心有限公司未制定"三重一大"决策制度实施细则。

案例分析与启示

（1）上述事项不符合该校《"三重一大"决策制度实施办法》"第二十一条　学校各二级单位应根据本实施办法，结合本单位实际制定或修订本单位'三重一大'决策制度实施细则，并提交学校办公室和纪委办公室备案……"的规定。

（2）建议学校督促有关附属企业根据校党委要求，尽快制定"三重一大"决策制度实施细则并及时报备。

案例 123

某高校校产企业遗留问题处理案例解析

案例描述

20世纪90年代初，某高校成立校产企业S公司，并聘任该校中层干部关某任总经理、法定代表人。经营一段时间后，S公司以公司及关某个人名义，以平均年息17.52%~20%向校内外人员融资。后因关某经营管理不善，S公司在仍有大量债权债务未处理的情况下，于2007年被吊销营业执照。该校于2001年时曾着力解决S公司问题，但因关某一心想要翻盘，拒绝解决方案而错过最佳解决时机，关某本人也因此背负巨额债务，丧失经济来源，生活困难。

时至2016年，仍有10余名教职工的50余万元集资款尚未偿还。部分教职工向法院起诉，要求偿还本金及约定的利息，由于S公司停业后关某债台高筑，尽管原告教职工要求强制执行，但关某已无力偿还。集资教职工遂联名要求学校协助解决该问题。

学校有关部门在法律顾问的协助下，经过多年协调商谈，与关某达成协议，确定由其承担2/3的集资款本金，学校承担1/3的集资款本金，并逐一与集资人确定了只偿还集资款本金的还款原则。最终大部分集资人接受还款方案并收到本金，只有个别集资人仍坚持要求按照法院判决执行。

案例分析

（1）S公司以及关某存在的问题。

①S公司擅自向教职工集资，从事高风险投资，导致公司资金被骗，关某作为总经理、法定代表人负有不可推卸的责任。

②被骗后，关某并未及时调整经营策略，而是继续集资借款，恶性循环，导致S公司债台高筑，最终被吊销营业执照。

（2）集资人存在问题。

①集资利率高出同期银行利率很多，本身存在一定风险。

②大部分集资人明知S公司集资后从事高风险交易，仍然同意借款，风险防范意识薄弱。

③集资风险发生后，不能从自身反省，将责任全部推给公司及学校。

（3）学校存在问题。

① 20世纪90年代，虽然鼓励事业单位兴办企业以补充办学经费，但S公司从事业务风险过大，学校应加强监督管理。

②当S公司问题浮现后应果断采取强制措施予以及时解决，久拖不决形成历史遗留问题，解决难度加大。

案例启示

（1）校产企业应有严格的内部控制机制，以避免在经营过程中过分追求高收益导致风险膨胀，最终不可控。

（2）由于问题迟迟未能解决，不论是集资人还是关某本人，均对处理方案有比较强烈的抵触情绪，学校应在处理前充分收集信息，在沟通过程注意方式方法，以寻求三方均能接受的解决方案。

（3）对于教职工集资人，学校在还款标准上要前后一致，不能两套标准对待集资人，避免产生新的矛盾。

（4）在处理过程中不仅要严格遵守法律法规，最好要求法律顾问或聘请专业律师全程介入，还需要学校各相关部门积极配合，以促进遗留问题的解决。

案例124

某高校下属企业清理案

案例描述

某教育部直属高校有下属企业 A 公司。A 公司成立于 2003 年，注册资本总额 100 万元人民币，股权结构：学校出资占 51%，另有三位自然人股东占公司股份总额 49%。A 公司组建时，学校并未实际出资，全部出资都为自然人股东实际出资，只是在工商登记过程中登记成了现有股权结构。后该公司长期亏损，经营无任何收益。2015 年，教育部国有资产管理专项检查中指出，该公司属于学校管理不规范、长期亏损、扭亏无望的企业，应撤并或退出。学校在对该公司进行清理过程中，自然人股东不同意解散公司，一直难以形成股东会决议，公司经营陷入僵局，且公司已无任何实际财产和收益。学校无奈，聘请律师启动诉讼程序，要求法院判令该公司解散。

案例分析

（1）学校管理的问题。

①学校对该公司显然没有尽到积极的管理义务，对该公司长期亏损，经营 10 多年无任何收益的状况没有重视，没有有效维护国有资产的保值增值。

②《教育部关于积极发展、规范管理高校科技产业的指导意见》第十五条规定："对长期亏损、投资无回报的企业坚决予以撤并或退出。"学校在管理过程中未及时按照上述规定清理企业。

（2）学校自然人股东的问题。

公司已经长期无收益，作为自然人股东应配合学校及时对公司进行清理，而不应该阻挠公司解散和清算，致使公司陷入僵局，使学校不得已启动诉讼程序。

案例启示

（1）实践中确实存在部分自然人投资者或企业投资者为与学校合作而代学校出资的现象。学校虽未实际向企业进行货币出资，但不能就因此认定不存在国有资产流失的风险。一是因为工商登记注册中有明确的学校出资额度，无论学校是否实际出资，国家相关管理部门在认定时都会以工商登记注册为依据，认定学校有出资行为；二是因为此类公司虽未获得学校的货币出资，但因与大学合作，实际是使用了学校的名称或技术等无形资产开展了经营活动，无形资产也属于学校国有资产的范畴。

（2）学校与企业合作过程中，一定要对投资环节进行规范、透明的操作。学校若无实际货币出资，就应在出资中明确学校是以无形资产出资，将无形资产明确评估作价，约定出资额度和比例。

（3）对于对外投资活动，无论学校采用何种形式的出资，都应在财务中进行明确的记载和账务处理，避免出现"账外公司"。同时还要注意，学校在向企业选派管理者的过程中，要考虑到国家有关部门关于领导干部企业兼职的相关规定，防止出现因职务活动而造成一些领导干部被认定为在企业违规兼职的尴尬情况。

（4）学校对于对外投资企业要尽到经营管理责任，保障国有资产保值增值，防范国有资产流失。实际上，一个公司十余年不盈利而自然人股东却不愿意解散公司的状况是极为不正常的。学校对下属企业要运用法律、财务等专业力量及时进行审计、监督，对公司账务及时进行核查。如果发现企业存在账务处理不规范的情况，应立即进行处理，确保学校的利益不受损失。

长期以来，学校对下属企业的管理仍然停留在行政管理的方式上，没有注重市场规律，忽视法律途径。随着国家市场经济的发展和法治程度的提高，学校也应将对企业的管理放到市场环境中来考虑，关注企业的经济效益。注意运用会计师、律师等专业力量加强企业管理，将对外投资管理市场化、法治化。

（5）对于确实长期亏损、投资无回报的企业，学校应该果断依据《教育部关于积极发展、规范管理高校科技产业的指导意见》及国家其他法律法规和相关管理规定进行清理，及时撤并或退出。必要的情形下，要及时通过法律程序来解决问题，以免问题遗留时间过长，引起不必要的纠纷。

案例 125

对所属企业的管理职责未理清

案例描述

某大学所属企业（含研究院）分别由资产公司、转化中心和基金会三个部门管理，学校分管领导和主管部门对所投资企业情况不完全掌握，对所投资企业是否再次投资、投资企业数量和投资金额不清楚，学校整体对外投资数量和投资权益没有一个部门可以说清楚，部分对外投资没有在财务账上体现，部分投资未在法人证书或协议中约定。

📊 案例分析与启示

《教育部关于高校产业规范化建设中组建高校资产经营有限公司的若干意见》："按照《指导意见》[①] 中'高校要依法组建国有独资性质的资产经营有限公司或从现有校办企业中选择一个产权清晰、管理规范的独资企业，将学校所有经营性资产划转到高校资产公司，由其代表学校持有对企业投资所形成的股权'精神的要求，各高校要依据《公司法》[②] 等法律法规组建高校资产公司。"

6.1.2　投资管理

案例 126

对所属企业投资不实

📊 案例描述

1999 年 8 月，Z 高校与湖北某公司签订协议，约定共同出资成立 F 公司，学校出资 286 万元占股 45%，但学校实质上并未按照正常投资程序出资。1999 年 11 月 1 日学校财务负责人与 F 公司负责人签订借款协议，约定"学校将 286 万元拨付到该校银行账号，待办完相关注册手续后保证将此款返还该校财务账号"。学校于 1999 年 11 月 2 日拨付 286 万元，记入"应收及暂付款——教育事业暂付——学校"，未确认为对 F 公司的投资。1999 年 8 月 M 会计师事务所出具了该公司开业登记验资报告，列示学校以 286 万元货币对 F 公司出资。

2000 年 1 月，F 公司以购买该校"城市环境管理地理信息系统"软件（实际上，学校并不拥有该软件的知识产权）名义，付给学校 190.80 万元，同时学校按收回借出款进行账务处理。2000 年 12 月，该校依据"关于湖北某公司与我校联合组建 F 公司投资出资决定"并经该校相关负责人同意，将出借的 286 万元（实际已收回 190.80 万元）

---

① 指《教育部关于积极发展、规范管理高校科技产业的指导意见》。
② 指《中华人民共和国公司法》。

确认为对 F 公司的投资，并进行了财务核算。

2001 年 10 月，Z 高校对 F 公司进行财务审计，发现湖北某公司抽逃资本金 291.45 万元，鉴于该公司的不当做法，2001 年 10 月，经该校校务会决议，学校撤回投资资金，"脱离关系，不承担任何经济和民事责任"，收回尚未收回的 95.20 万元资金。2006 年 12 月，F 公司负责人签写退款计划，承诺 F 公司分 5 年逐步退回 F 高校的投资款。F 公司负责人个人于 2011 年 12 月交回学校 95 万元；2014 年 12 月交回学校 0.20 万元。至此，Z 高校将对 F 公司的初始投资 286 万元全额收回。

案例分析

（1）公司成立情况。借科技园区建设和高新技术产业发展的良好形势，为提高学校科技成果转化能力，1999 年 6 月，Z 高校校务会议研究了学校与湖北某公司合作组建股份公司，开发专业软件产品等事宜，双方明确了出资额度与各自股权比例，而 1999 年 11 月 1 日通过签订借款协议学校出借 286 万元用于办理公司注册相关手续，按照约定，待办完手续后将此款返还学校。F 公司于 1999 年 11 月 10 日在工商行政管理局注册。1999 年 11 月，Z 高校出具"关于湖北某公司与我校联合组建 F 公司投资出资决定"，2000 年 1 月，F 公司出具出资证明书证明该校作为公司发起人之一，已足额出资 286 万元，占公司总股本的 45%。2000 年 12 月，学校在财务账务处理上，将 1999 年 11 月 1 日借出的 286 万元借出款转为 F 公司的投资。以上事实说明，该投资属于典型的校办企业的投资。

（2）借款处理与撤资决定。Z 高校于 2000 年 1 月与 F 公司签订协议，F 公司以 190.8 万元购买学校"城市环境管理地理信息系统"软件知识产权，购买款于 2000 年 1 月汇入学校账户，并以"还款"做账务处理。学校鉴于合作公司的不良做法，将剩下的 95.20 万元也在后续年度逐步收回，停止与该公司的一切经济往来，保障了学校初期出资的 286 万元本金全额收回。

根据学校 2013 年 12 月专题会议提出的建议方案，学校对其还款（95 万元和 0.2 万元）分别于 2014 年 3 月和 2014 年 12 月两次做了账务处理。学校将 F 公司问题按"借款—还款"的简易程序处理，对 F 公司挂账做彻底的财务处理。

（3）风险分析。表面上看来，学校初期出资的 286 万元虽经历曲折，且款项已全部收回，但 Z 高校仍然承担着 F 公司的债务风险，且收回的 286 万元仅为当时投入的本金，其间发生的利息仍旧为学校的投资损失。另外，学校私自将投资从财务上调整为借款，改变了原来出资办企业的初衷，此改变不受法律的保护。

案例启示

（1）学校出资办企业本来无可厚非，很多校办企业也成为学校资金渠道的源头活水，但凡投资就会有风险，要对存在的风险作出有效的全面的评估。

（2）在发现投资存在潜在风险及合作方的不当行为时，应该严格按照股权变更的相关规定，及时止损，避免经济责任风险发生。

案例127

创建海外分支机构——某大学出版社北美分社

案例描述

为响应国家推动中华文化"走出去"、增强中华文化国际影响力和竞争力的战略号召，某大学大学出版社结合自身特点和优势，于2011年7月在美国芝加哥市注册成立全资子公司北美分社（梧桐出版有限公司，PHOENIX TREE PUBLISHING ING.）。该大学也因此成为中国第一个拥有海外资产的大学。北美分社的具体经营业务：汉语教材及中国文化产品在北美地区的营销与发行；北美地区本土化汉语教材和中国文化类产品的研发、出版与营销等。

经过几年的建设，北美分社现已成长为纯粹的美国企业，经营模式本土化、产品研发本土化、营销渠道本土化、团队本土化。经营业绩逐年提升，销售收入年均增长50.9%；国有资产总额不断升值；本土化产品线不断健全，多套汉语教材成功进入美国国民教育体系；立体化销售网络基本形成，产品已覆盖北美3个国家，走进了北美100余所大学、孔子学院和1000余所中小学课堂。北美分社的建设有效遏制了带有西方价值观的中华文化出版物及出版商在北美地区的发展扩张，让带有中国特色社会主义核心价值观的文化产品占领了北美主流市场，加快了"中国梦"的国际宣传，加快世界了解真实中国的步伐，助推了中国软实力的提升。北美分社受到原国家新闻出版广电总局、国务院新闻办、国家汉办等部委的充分肯定，被誉为中国出版行业"走出去"的成功典范。

案例分析

（1）海外分支机构设立的前期审批。

某大学出版社于 2009 年启动设立北美分社事宜。经过一年多的前期细致调研和充分论证，2010 年 4 月完成了设立北美分社的可行性研究报告。在出版社社委会、职工代表大会、董事会审议通过的基础上，报学校常委会研究审议通过。学校按照国家相关规定和要求，向上级主管部门提交了投资设立北美分社的请示，办理了对外投资手续。教育部作为该大学的主管部委，该校于 2011 年 3 月 23 日向教育部社科司提交了投资设立北美分社的申请，获得了教育部同意设立北美分社的批复文件《教育部社科司关于商请支持某大学出版社北美分社的函》；根据商务部关于境外投资备案与核准的行政审批要求，该大学向商务部提交了相关申请材料，于 2011 年 5 月 9 日获得了商务部颁发的企业境外投资证书；根据市发展和改革委员会关于境外投资备案的行政审批要求，该大学向市发改委提交了投资备案相关材料，于 2011 年 5 月 27 日获得了市发改委同意设立北美分社的批复文件《关于某大学出版社有限公司在美国投资设立梧桐出版有限公司项目核准的批复》。在国家外汇管理局市管理部办理了齐全的手续后，北美分社于 2011 年 7 月在美国芝加哥正式注册成立。成立后该校相关单位分别在国家新闻出版总署和市新闻出版局做了备案。

（2）海外分支机构创建遇到的问题与对策。

①经营理念的转变。美国与国内企业经营理念有着较大的区别，海外分支机构不但要适应当地政府部门、行业、客户等多方面的沟通交往方式，更要熟识美国的各项法律法规，同时还要适应国内的监管。

②产品内容、形式的适应。本土化市场需求要求出版社必须改变原有生产思路，从产品设计理念、教学方式、数字出版、配套资源、纸张印刷等方方面面重新建立与当地相适应的体系。

③熟识当地教育管理部门在出版物选择上的具体要求。北美地区特别是美国和加拿大对教材产品的选择，每个州都有不同的标准和要求，这就要求我们必须熟识，与之相匹配。

④美国员工的管理需要管理者转变国内思维，在选拔、培养、薪酬、激励、约束等诸多方面予以适应性调整，熟识美国劳动法，规避潜在风险。

⑤克服同行业竞争者的抵制。

⑥克服语言障碍等。

案例启示

（1）设立海外分支机构前期深入的市场调研和正确决策是成功的关键。

（2）出版业海外分支结构必须本土化运行，从经营理念、产品、管理、人员等诸多方面都要与当地接轨，这是成功的重要保证。

（3）本土化出版物的研发出版是海外出版机构能够长远发展的基石。产品代理商、接待办事处等运行方式都不可持续。

（4）在北美地区设立出版业海外分支机构投入大，成本高，回报周期长，社会效益大于经济效益。

（5）外派人员的选择至关重要，其创业精神、工作能力、投入状态、成本意识等缺一不可。

（6）海外分支机构的建设离不开国内总公司及上级主管部门的支持，需要从资金投入、产品生产、区域销售、物流配送、项目支持等环节给予帮助，才能不断发展壮大。

（7）国内总公司既要给予海外分支机构充分的经营自主权，也要实施有效的监管，调动海外分支机构积极性的同时，保证国有资产的保值增值。

案例 128

对所属企业缺少监管造成国有资产损失

案例描述

所属参股公司内控缺失造成出借资金无法收回。某高校所属参股公司未经公司股东会、董事会决议批准，对外出借 900 万元，出借资金时，学校派出管理人员未向学校汇报资金出借事项，直接同意董事长的提议，目前借款方公司已濒临破产，公司已无可代偿的其他资产，剩余 880 万元借款无法收回。

所属参股公司违规出具承诺函对外担保。某高校所属参股公司董事长在学校方管理人员完全不知情的情况下，直接决定由该公司为其关联公司的 1810 万元贷款提供全额担保，并私自使用参股公司公章在担保函上盖章，形成连带责任。

案例分析与启示

《中华人民共和国公司法》第十六条："公司向其他企业投资或者为他人提供担保，依照公司章程的规定，由董事会或者股东会、股东大会决议；公司章程对投资或者担保的总额及单项投资或者担保的数额有限额规定的，不得超过规定的限额。公司为公司股东或者实际控制人提供担保的，必须经股东会或者股东大会决议。"第一百四十八条："董事、高级管理人员不得有下列行为：……（三）违反公司章程的规定，未经股东会、股东大会或者董事会同意，将公司资金借贷给他人或者以公司财产为他人提供担保。"

《关于进一步规范和加强直属高等学校所属企业国有资产管理的若干意见》"2. 落实管理责任。学校要落实对资产经营公司及其他独资、控股企业监管职责。要依法制定或参与制定企业章程、选择管理者和参与企业重大决策。"

6.1.3　改制管理

案例 129

企业改制未进行清产核资并审计

案例描述

2014 年 10 月，某高校经学校经营性资产委员会同意，学校资产经营公司下属全资控股公司于 2015 年通过公开交易市场将其 80% 国有股权转让给 B 民营企业，股权评估价值 382.46 万元，实际成交价格为 404 万元。实施股权转让过程中，学校未对其进行清产核资，也未聘请中介机构对清查结果进行审计。

案例分析

从案例看，直属高校在资产管理的购置、使用、管理和处置整个过程都存在一定的问题。究其原因主要有以下几点：一是学校依法依规管理国有资产的意识不到位。高校长期以来对国有资产管理工作不重视，规范意识不强，导致在国有资产管理行为报批报备等方面与规定要求存在一定差别。二是学校国有资产管理机制有待健全，资产管理部门、使用部门和监督部门之间责权不明晰、关系错位。房屋出租出借未归口管理，导致房屋实际使用情况不明，资产家底不清。三是内部控制体系不够健全。高校内部控制体系建设尚不完善，在制度体系和流程设计上存在缺陷。在权责配置和流程梳理上缺乏科学性、系统性，未能达到岗位间互相牵制、互相监督的目标，业务流程未能形成闭环。四是由于历史原因，部分建筑物或土地无法办理产权证，由于没有相应证件，该部分资产就无法完成出租或出借报批报备手续。

案例启示

（1）《中华人民共和国企业国有资产法》第三十九条："本法所称企业改制是指：……（三）国有资本控股公司改为非国有资本控股公司。"第四十二条："企业改制应当按照规定进行清产核资、财务审计、资产评估，准确界定和核实资产，客观、公正地确定资产的价值。"国资委《国有企业清产核资办法》第八条："符合下列情形之一，需要进行清产核资的，由企业提出申请，报同级国有资产监督管理机构批准：（一）企业分立、合并、重组、改制、撤销等经济行为涉及资产或产权结构重大变动情况的……"

（2）建议高校从以下几个方面做好资产管理工作：一是推动资产管理内部控制体系建设。高校应以内部控制体系建设为抓手，梳理现有国有资产管理制度体系，开展管理制度"废、改、立"。明确相关部门职责，压实各岗位人员责任，梳理优化资产出租出借报批报备流程、实行资产归口管理，加强资产收益管理，构建多部门联动机制，有效防控国有资产流失风险。二是推动国有资产管理信息化建设。高校应结合自身实际情况，构建涵盖资产配置、使用和处置全生命周期，实现与组织、人事、财务、采购等多部门数据对接互通的信息化建设平台。

6.2 股权转让案例

案例 130

高校下属公司股权转让价被低估

案例描述

某高校校办企业 L 公司是学校投资公司的全资子公司。投资公司董事会于 2011 年 9 月决议同意转让 L 公司 100% 股权，同意对 L 公司进行清产核资、审计和资产评估。

学校校务会议于 2011 年 9 月同意 L 公司改制。控股公司于 2012 年 8 月制订了清产核资方案，确定清产核资基准日为 2012 年 1 月 31 日（也是评估基准日）。截至 2012 年 1 月 31 日，L 公司账面反映"其他应付款——×× 大学"项下 65 万元，系 2008 年 1 月从学校借入。该笔借款实际已于 2011 年 10 月经 L 公司负责人书面申请，学校以日常累计应付 L 公司的印刷费与学校账面的应收款进行了冲抵，而 L 公司直到 2012 年 12 月才将该笔负债冲抵，转为收入。

截至 2012 年 1 月 31 日，L 公司财务账面列示"应付账款——×× 大学"清运费 1 万元（2014 年年末 L 公司账面仍有列示）。经核实，该 1 万元"清运费"学校已于 2006 年 10 月以日常累计应付 L 公司的印刷费进行了冲抵。

基于上述事实，截至 2012 年年末，L 公司账面由于未注销这两笔实际已不存在的债务，导致净资产共少计 66 万元（扣除税费后少计 41.57 万元）。

L 公司在清产核资时和资产评估时均也未对这两笔负债做核销，最终导致 L 公司在股权转让时的首次挂牌价值低估了 41.57 万元。

案例分析与启示

上述事项违反了《关于印发国有企业清产核资工作规程的通知》第三章第十六条："为保证企业的账账相符、账证相符，企业在清产核资工作中必须认真做好账务清理工作，即对企业总公司及子企业所有账户进行清理，以及总公司同各子企业之间的各项内部资金往来、存借款余额、库存现金和有价证券等基本账务情况进行全面核对和清理，以保证企业各项账务的全面和准确。"《关于企业国有资产评估报告审核工作有关事项的通知》："四、企业国有产权持有单位或被评估单位应如实提供相关评估资料，确保资料真实、完整、有效。"

参考文献

[1] 王晓华，王杰.高等学校资产管理与绩效评价 [M].北京：经济科学出版社，2015.

[2] 刘玉平.国有资产管理 [M].2 版.北京：中国人民大学出版社，2012.

[3] 吴小明.政府采购法律法规实务操作与案例解析 [M].北京：经济科学出版社，2018.

[4] 中国政府采购杂志社.2017 年政府采购指导性案例与公告汇编 [M].北京：经济科学出版社，2017.

后　记

　　本书由长期从事国有资产管理的技术专家和同行教师编写而成，饱含编写者多年工作经验积累及大量心血，涉及高校国有资产管理的各个环节，总数为130例。案例集由中国地质大学（北京）财务处处长／内控办主任（原国有资产与实验室管理处处长）王杰，北京工商大学学校办公室主任（国有资产管理处原处长）王晓华担任主编，史天贵、赵明、梁勇担任副主编。各章编写人员如下：第1章由王晓华、王杰编写；第2章第1部分由孙品阳、凌思凯、张新祥、黄凯、周勇义、张黎伟、王洋洋、张晓丹、刘琦、李欢、李士明、张家栋、赵艳娥、赵琳、贺锦、兰山、王昭、武晓峰、王慧、杨士儒、蓝叶芬、战永佳、梅珍、赵怡红、张琳、易慧霞、陆萍、李喜梅、钟雷、马涛、张晓丹、张伟光、郭鹏、崔洪伟、沈如群、周同鑫、包立琴、鲍锐、姚朋君、高峰、张继旺、郑召义、艾志刚、胡滔、高子萍、陈义陆、李志祺、张有参与编写，第2章第2部分由王杰、王晓华、周长军、高怀明、赵怡红、梅珍、张继霞、赵睿英、高峰、赵琳、赵艳娥、张家栋、何凌、贺锦、杨培飞、万国良、范朝阳、王艳青、王晓燕、张睿超、武晓峰、陈辉、杨文波、李文中、陆敏峰、杨晓丹、赵军武、彭桂山、董鹏、李卫宏、张卯、杨敏、王建、杨海军、杨树国、黄开胜、程志英、张新祥、黄凯、周勇义、张黎伟、王洋洋、张颖、石影、王士国、梁勇、侯丽、张威、高欢、张继旺、杨士儒、林林、孟兆磊、何勇、刘晓楠、马嫣、陈义陆参与编写，第2章第3部分由王晓华、万国良、王晓燕、张睿超、盛路、牛超、程冬梅、苑雪芳、张新祥、黄凯、周勇义、张黎伟、马宁、易慧霞、钟雷、李喜梅、郑召义、艾志刚、马思潇、蔡中华、段士明、宋欣、林林、孟兆磊、金仁东、谭豪参与编写；第3章第1部分由赵立文、张晓丹、兰山、李欢负责编写，第3章第2部分由王杰、张颖、赵立文负责编写；第4章由王杰、王晓华、陈中叶、沈莹、侯丽、张威、邓婉菁、黄玮、高欢、包榕、李卫宏、张斌、王红、康志勇负责编写；第5章由王杰、侯茹莹、黄航负责编写；第6章由王杰、王晓华、马思潇、宋煜、张继旺、赵军武负责编写。王杰负责全书统稿工作。本书编写过程中，参考了国家有关部门文件、有关专家教材和网络资源等内容，在此向原作者表示衷心的感谢。

鉴于编写组人员的水平有限，加之统稿时间仓促，书中难免存在不当之处，敬请读者批评指正。

作　者

2022年7月